CB129181

Edwiges

OBJETIVA

TONINHO VAZ

Edwiges

A SANTA LIBERTÁRIA

OBJETIVA

SUMÁRIO

Para o poeta Paulo Leminski
(1944-1989), o Polaco, que me
ensinou o caminho das letras.

APRESENTAÇÃO

A principal fonte de pesquisa deste livro – no que se refere especificamente às informações sobre Edwiges – foi a secular obra dos *Acta Sanctorum*, publicada pela primeira vez em 1643 na Antuérpia e em Bruxelas pela Sociedade dos Monges Bollandistas[1] – portanto, com vários autores. A obra – também conhecida como *Atas de Canonização* – veio sendo escrita e compilada através dos tempos e hoje são 68 volumes narrando a vida de centenas de santos do cristianismo do ponto de vista da Igreja. No verbete dedicado a Edwiges, além do texto principal dos bollandistas, existe um segundo livro (biografia) – provavelmente escrito por um monge de um convento em Breslau (atual Wroclaw e ex-Vlatislávia) – dividido em duas partes: Legenda Maior e Legenda Menor da Beata Edwiges (ou seja: lenda maior e menor, referência ao tamanho das compilações). Essa narrativa foi concluída em 1300, portanto, muito próximo dos acontecimentos e das proezas da duquesa Edwiges de Andech. Apesar do tom exacerbado de arrebatamento e devoção, próprio de um discípulo seguidor, o documento oferece importantes informações históricas e uma oração inédita – criada por autor desconhecido e reproduzida no final desta edição.

---

[1] Associação jesuítica que leva o nome do monge e hagiógrafo flamengo Jean Bolland (1596–1665), editor dos cinco primeiros volumes dos *Acta*.

A última edição dos *Acta* – em forma de grandes livros, cada um com cerca de 15 quilos – está datada de 1866. No Brasil, existem pelo menos duas edições completas, uma na Biblioteca da Congregação Redentorista, em São Paulo (cuja consulta nos foi oferecida gratuitamente e sem restrições), e outra no mosteiro de São Bento, no Rio. O idioma é o latim eclesiástico e os créditos de tradução vão para o jornalista (e ex-seminarista) Irineu Guimarães, um especialista no assunto, e Naná Gama e Silva, mestre em Direito pela PUC-RJ, que colaboraram ainda com conselhos, interpretações e discussões.

Os estudos dos *Acta Sanctorum* (a palavra *Acta*, no latim original, está no plural neutro: atos dos santos), quando analisados e questionados, nos remetem a várias considerações pertinentes, entre elas a da precisão e interpretação dos fatos históricos. Uma questão que se reporta, sobretudo, a datas, nomes e eventos. Por exemplo: os *Acta* informam, abrindo as cem páginas do verbete, que a beata Edwiges de Andech (Hedwigis, em latim, Jadwiga, em polonês, e Hedwig, em inglês) nasceu, "aproximadamente", em 1174. As obras mais recentes – modernas, soberanas e absolutas – retiram a dúvida e confirmam a data sem o condicionamento. Muitas dessas dualidades acontecem pela diferença de métodos de registro do calendário atual e medieval. No sistema adotado em Pisa, por exemplo, o ano começava no dia 25 de março antes do Natal e no calendário florentino o ano começava no dia 25 de março após o Natal. Portanto, pelo sistema de Pisa, dois anos antes de 1243 é 1242.

Em alguns documentos, o ano de canonização de Santa Edwiges aparece como 1268, mas nos *Acta Sanctorum*, e por diversas vezes, afirma-se 1267. Convém, portanto, tomar cuidado com os fatos históricos. Assim como não devemos confundir Santa Edwiges (da Silésia, como acabaria sendo conhecida), protetora dos endividados e das liberdades, com Santa Edwiges de Anjou, rainha da Lituânia e Polônia (portanto, da mesma região), que nasceria no século seguinte (1373).

As grafias dos nomes próprios merecem, igualmente, cuidado especial: Silésia pode aparecer nos textos originais como Silesiae (latim), Slask (polonês), Schlesien (alemão) ou Slezsko (tcheco). Outra confusão recorrente surge com os homônimos em nomes de batismo, muitas vezes designando contemporâneos ilustres, como Henrique I, da Polônia, e Henrique I, da Inglaterra. Ou Conrado, filho de Edwiges, e Conrado, príncipe alemão e sobrinho da beata. A mesma atenção recomenda-se com a linhagem de Otto von Wahlstadt; são vários homônimos e, não raro, antagônicos. Sem falar de Gertrudes, já que com este nome aparecem uma irmã e uma filha de Edwiges. (O sobrenome aponta a localização geográfica da residência do patriarca, conforme a placa colocada acima da porta da casa: Bertholdo de Andech; Francisco de Assis; Santa Ignês de Praga; Santo Tomás de Aquino.)

Na essência, os textos dos *Acta* nos revelam, em linguagem de cartório, muito dos atos (obras) de Edwiges e pouco de sua alma, embora nos ofereçam elementos suficientes para interpretações e deduções seguras. Em tese, esses textos advogam as qualidades e virtudes que recomendariam a canonização de uma pessoa. Num contexto histórico marcado por guerras sangrentas, expansão das culturas e do mercado europeu, além da fé religiosa exacerbada, Edwiges de Andech surge da neblina como uma guerreira da paz e da harmonia. Mulher massacrada pela tragédia pessoal e pela monumental carga de devoção aos oprimidos, vai construir sua obra social ao indignar-se com as condições de vida dos sem posse e sem liberdade – como comprovam documentos compilados pelos cronistas do Renascimento, os monges copistas.

Duas características de Edwiges aparecem em vários textos históricos, referendando e conferindo credibilidade ao mito: era bonita e se achava uma pessoa especial – no mínimo diferente das outras. Por volta do século XIV, os relatos testemunhais sobre vidas individuais não eram organizados de maneira cronológica, e sim temática, e as narrativas sobre os santos eram escritas com objetivos de edificação, no sentido de estimular a devoção. Edwiges, ao contrário de outros clérigos, iria ganhar as eleições no Tribunal da Santa Sé com os votos avassaladores do povo, ou seja, pela característica de "fenômeno" que sua vida ganhou.

Para os padrões de análise crítica da historiografia moderna, Edwiges – bem como seu contemporâneo Francisco de Assis – pode ser considerada uma mulher alienada, submissa e contemplativa. Uma versão oligofrênica de paz e amor (em tempos de guerra) a desconcertar a mentalidade burocrática da Igreja ocidental – então vivendo sua mais profunda crise de identidade. A força da escolha de Edwiges pelo "sentido contrário" à maré, ou seja, despojando-se dos bens materiais e dedicando-se ao "outro", seria uma das razões da devoção em torno de seu nome.

Para os especialistas, estudiosos do século XXI, Santa Edwiges anuncia outro grande milagre: seu culto se reveste, no Brasil, de características peculiares e únicas, desde que identificada também como a libertadora dos endividados. Neste sentido, os registros históricos destacam seu constante e obstinado esforço para conseguir indulto (perdão) aos presos inadimplentes – dos quais se mostrava cúmplice e aliada. O resultado se traduz na devoção em massa dos fiéis em todo o mundo. Um mundo cada vez mais repleto de pessoas inadimplentes e necessitadas. Assistir a uma missa no dia de Santa Edwiges, em qualquer de suas (sempre lotadas) paróquias, seja no Rio de Janeiro, em Curitiba ou São Paulo, pode representar algo como uma experiência religiosa. Para qualquer pessoa de qualquer credo.

Outras obras abordando personagens e/ou fatos isolados do período medieval fazem parte da bibliografia utilizada pelo autor e estão relacionadas no final desta edição.

Toninho Vaz

Capítulo I

Os Milagres da Fé

Pelo menos num ponto a maioria dos historiadores concorda: a vida na Idade Média, em tempos de paz, era um tédio. O dia começava com o nascer do sol e o primeiro gesto que se fazia era o sinal-da-cruz (aliás, o último também, antes de dormir). Aos criados competia esvaziar o urinol logo cedo, enquanto a família tomava o desjejum e se dirigia à capela para a missa da manhã. A música que existia até então – e unicamente – era o cantochão, sem melodia ou acompanhamento instrumental, que mantinha sua origem na tradição das sinagogas e igrejas orientais: os cantos gregorianos.[1]

Pior do que a monotonia, porém, era o desconforto. Estamos numa região fria, sem aquecimento, a não ser a lareira dos nobres, que ainda contavam com grossos cobertores, cobertas de pêlos de animais e tapetes cobrindo as paredes. Mesmo nos meses mais quentes do ano, o castelo era um lugar úmido e mal iluminado, com piso de terra coberto por junco ou palha para diminuir a umidade. E tinha mau cheiro. Além dos aposentos principais, usados com freqüência pela família (quartos e salas

---

[1] Música mais antiga que conhecemos, tanto sacra como profana, sistematizada por São Gregório no ano 600. Consiste em uma única melodia, com uma tessitura do tipo conhecido como monofônico. A música ganharia um sistema especial de escalas, fazendo uso de melodia e acompanhamento, apenas a partir do século XII, quando começam as ações desta história.

de refeição), nada mais merecia os cuidados de uma conservação. Esta é a realidade na maioria dos burgos,[2] sempre imaginado por nós como um lugar de luxo, jóias, banquetes e tecidos finos.

Estamos na Baixa Idade Média, quando os senhores feudais exerciam como principal atividade a guerra e a administração de suas forças militares. Para eles, esnobes por estirpe e vocação, o trabalho braçal e o comércio eram formas degradantes de atividade. O conceito geral entre a nobreza (muito além do mito e *glamour* dos aventureiros de elmo e espada) era de que só havia uma vocação digna para o homem: a do guerreiro. Quando não havia guerra, os senhores promoviam temporadas de torneios e jogos de verão com simulação de batalhas campais nas quais colocavam, invariavelmente, as honras de seu brasão em jogo. Os melhores cavaleiros e gladiadores estavam em cena, cada um defendendo as cores do seu ducado. Nesses dias, aconteciam os festivais genuinamente ricos, onde a luxúria e a opulência eram apresentadas pelos anfitriões com indisfarçável orgulho – e a imagem do salão em festa, iluminado, seria então eternizada como símbolo da elite européia medieval.

Quando Edwiges nasceu, em 1174, em Andech, na região hoje conhecida como Bavária, o mundo estava em ebulição. Para alguns historiadores, a evolução ocorrida nessa época, quando tem início a formação dos Estados europeus (decomposição feudal) e a expansão do comércio e do cristianismo, só pode ser comparada ao processo desencadeado, séculos depois, pela Revolução Industrial e tecnológica. A antiga organização econômica, com pequenas cidades, indústrias dispersas e mercados locais, começava a dar lugar a um sistema com centros industriais densamente povoados, produção em grande escala e comércio de âmbito mundial. A Europa se preparava, então, para viver o que alguns historiadores modernos chamam de "a Renascença do século XIII".

---

[2] Burgo – castelo, casa nobre ou mosteiro, incluindo suas cercanias. O destino da maioria desses povoamentos da Idade Média era se transformar em cidades.

Enquanto a Igreja alertava para "o pecado da usura e do lucro excessivo", a Europa estava condenada a conhecer, em pouco tempo, a figura do mercador ou "intermediário" nas transações comerciais. Em termos históricos, era o surgimento da burguesia como extrato social ativo e producente.

No aspecto religioso, o mundo cristão na Idade Média era uma chama viva ameaçando a soberania muçulmana no Oriente, conseqüência das Sete Cruzadas que tinham como objetivo primário resgatar a cidade de Jerusalém (desde 1174 nas mãos de Saladino, líder muçulmano) e restabelecer a ordem depois do Império Romano. Mesmo em nome de Jesus, e apesar do aspecto contraditório dessa iniciativa, foi grande o derramamento de sangue durante quase duzentos anos.

Ao contrário dos mártires surgidos nos primeiros anos do cristianismo, produtos do período conhecido como de "caça aos cristãos", Edwiges não se debatia contra o estigma da discriminação religiosa. Sua dor tinha origem no próprio sofrimento pela perda do marido e dos filhos – e na solidariedade aos pobres e desvalidos. Era o que os não-cristãos chamavam de carma (ou *karman,* em sânscrito) – sistema cósmico de justiça e definidor das forças que geram o destino. Mulher rica, Edwiges dedicaria sua vida a construir hospitais, conventos e manicômios, edificando uma grande obra social, sempre em harmonia com os propósitos do esposo, o nobre Henrique I, duque da Silésia, uma mistura equilibrada de cristão e tirano.

As invasões mongólicas e as batalhas entre os príncipes (na disputa por poder e terras) aconteceram quando Edwiges era adulta e podem ser apontadas como a causa imediata do seu martírio. Enquanto assistia com amargura à morte do marido e dos filhos nos campos de batalha, a beata amenizaria sua dor abraçando a causa dos miseráveis. Para melhor conduzir sua fé, isolou-se no mosteiro de Trebnitz, da Ordem Cesterciense, que durante muito tempo seria administrado por sua filha caçula Gertrudes.

São incontáveis os relatos de milagres atribuídos a Edwiges, antes e depois de sua morte. Milagres aqui considerados como elementos fundamentais para a aceitação da Revelação Cristã – que vai dialogar diretamente com a fé. Aliás, o capítulo mais extenso do verbete dedicado a Edwiges, nas escrituras dos *Acta Sanctorum*, é justamente aquele que trata dos milagres *post-mortem*. São dezenas de casos, todos pungentes e impressionantes, que em última análise podem mensurar sua força mística e seu carisma. Ou seja, Edwiges pertence a uma categoria de pessoas que passam a vida na Terra preparando-se para o Céu.

Quando morreu, aos 69 anos, já era considerada uma santa, e suas lendas percorriam os vales da Silésia – sempre acompanhadas pelo entusiasmo e pela admiração dos devotos. Sua canonização, entretanto, só iria acontecer 24 anos depois, pelas mãos do papa Clemente IV.

No cinema e na literatura, a vida medieval pode parecer heróica, excitante e romântica, mas, na verdade, ao mesmo tempo, era cruel, incerta e perigosa. Ou, como sugere a historiadora francesa Geneviève D'Haucourt, "na Idade Média, amparados pela crença na imortalidade e fé cristã, os sofrimentos eram apenas transitórios e não representavam nenhum escândalo para o espírito, pois eram explicados e confortados pelo amor".

Capítulo 2

A Menina de Ouro

A paisagem nessa região da Europa central, conhecida como Baviera, ao sul da Alemanha, é formada por pradarias, bosques, colinas escarpadas e lagos (região dos Sete Lagos), numa sucessão de pequenos e graciosos acidentes geográficos. Dependendo da posição, quando se está no alto, é possível contemplar os quatro elementos. Nada comparado aos vizinhos Alpes, em majestade, mas bastante notável em graça e harmonia. O castelo de Andech, no centro geográfico desses acidentes, surge imponente em sua sólida construção de pedras, cercado de árvores por todos os lados – na verdade, pela ausência de torres, o edifício se assemelha mais a um palácio do que a um castelo, sendo identificado como a ala sul do atual monastério. O lugar, pelas suas características, surge mergulhado numa calma pastoril, simbolizada pela águia de Andech, ave-símbolo estampada em vermelho nos brasões e bandeiras de muitas famílias aristocráticas da Baviera.

Entretanto, por estarem na fronteira com a Polônia, Áustria e Eslováquia, essas terras sempre estiveram envolvidas em conflitos fundiários, no momento em que se definiam os limites geográficos de cada nação. A criação de uma nova ordem social e política tornava essa região da Europa – para usar um jargão dos folhetins modernos – um verdadeiro barril de pólvora (que nessa época era conhecida apenas na China). Os mercados e os negócios ganhavam escalas internacionais, alterando a face do cotidiano e a relação entre os povos. A aliança da burguesia com a monarquia representava o nascimento do Estado centralizador, mais adequado à nova realidade econômica. Era o capitalismo[1] que se anunciava no horizonte, apresentando-se na sua forma primária de mercantilismo.

Havia ainda os conflitos regionais, conseqüência dos últimos momentos do feudalismo, quando os nobres ainda eram reconhecidos como os verdadeiros senhores da terra – neste caso, quase todas improdutivas e a serviço do rei. Uma característica curiosa do sistema feudal é que as terras não eram contínuas, mas dispersas em faixas, intercaladas e com diferentes arrendatários. É claro que o sistema era dispendioso e com o passar dos tempos foi totalmente superado.

Mas, não se espante o leitor, pois este não é um livro de história – que vai aparecer nestas páginas apenas como a moldura de um quadro, feita para destacar o conteúdo. Aqui se pretende apenas – e unicamente – revelar a história de Edwiges, a mulher que dedicou a vida à proteção dos necessitados e endividados.

É certo que Edwiges nasceu em berço nobre. Seu pai, Bertholdo III,[2] um católico fervoroso, ostentava vários títulos nobiliárquicos: era duque de Merânia, conde do Tirol e príncipe da Coríntia, além de bisneto de Frederico I, o Barba-roxa, que por sua vez era neto do imperador Otto, o patriarca. O poderoso Barba-roxa foi, durante quarenta anos, a mais importante peça do xadrez imperial germânico, com poderes semelhantes

---

[1] "O novo desenvolvimento político e econômico começa a não ser mais contido pelas estruturas feudais, exigindo mudanças que comportem as novas circunstâncias. Essa passagem do feudalismo para o capitalismo não foi momentânea. Caracteriza-se por um período de transição gradual nos níveis político, econômico, social e filosófico" (*História Geral*, Heródoto Barbeiro, Editora Moderna).

[2] Em alguns documentos, o nome aparece como Bertoldo II ou IV designando, sem dúvida, a mesma pessoa.

na Itália, onde o acumulou as funções – entre 1155-1190 – com o Sagrado Império Romano.

A mãe de Edwiges, Ignês Rochlethz, de família oriental, também católica, era filha de Dedon V, conde de Rochlethz e marquês de Luzyce (ou Landesberch), também de grandes riquezas e poderes. O nome Andech, que designa a família de Bertholdo e o castelo na Baviera, aparece pela primeira vez em documentos por volta de 1080.

Quando Edwiges nasceu, em dia e mês desconhecidos de 1174, já encontrou no mundo sete irmãos – quatro homens e três mulheres. Sua chegada foi o desfecho de uma longa semana de expectativa no Castelo de Andech. Agora, finalmente, a princesa Ignês entrava em trabalho de parto. Havia um clima de excitação no ar. As criadas providenciavam tudo que médicos e parteiras solicitavam, deslizando rápidas pelos corredores. O marido Bertholdo, apesar de experiente, demonstrava nervosismo. Os *Acta Sanctorum* registram assim esta passagem:

> Foram horas de espera. Quando finalmente a porta dos aposentos da princesa se abriu, a parteira-chefe apareceu com o rosto iluminado pela alegria. Houve uma agitação geral. Ela perfilou-se e anunciou, solene:
>
> – A princesa Ignês acaba de ter uma criança, que passa bem. A mãe também está bem. É uma menina!
>
> Quando a criança foi depositada nos braços da mãe, ganhou um sinal-da-cruz na testa e um beijo na face rosada.

Dias depois, na cerimônia de batismo, a alegria da família de Bertholdo era compartilhada com a sociedade de Andech e das regiões vizinhas, numa festa que contou com a presença destacada do arcebispo, uma das maiores autoridades da região. O ponto alto foi o banquete, quando se consumiu muita carne de caça e vinho. As damas de honra e senhoras da nobreza comentavam:

– A criança vai se chamar Edwiges.

Durante a cerimônia na pia batismal (oficialmente Sacramento do Batismo), o arcebispo, com toda a pompa das vestes litúrgicas, perguntou em voz alta para uma criança com alguns dias de vida:

– Edwiges, quer ser batizada?

Pais e padrinhos (mais de dez) respondem solenemente:

– Quero!

– Então, Edwiges, eu te batizo em nome do Pai, do Filho e do Espírito Santo!

E a água batismal escorreu pela cabeça do bebê.

A vida em Andech

A infância de Edwiges, passada até os 6 anos no castelo da família, vai se traduzir num cotidiano repleto de carinho, conforto e segurança. Ela estava predestinada a ser uma moça "de bons modos", que deveria ser criada com forte base religiosa. Para isso, ela contou desde cedo com professores e preceptores especialmente contratados por seus pais. Sabe-se que era uma criança viva, com meiguice acentuada e aparência física de um anjo, imagem que ganhava expressão e significado místico nas famílias católicas da Idade Média. Suas bochechas eram, então, rosadas e redondas, próprias de uma criança bem nutrida. Os olhos azuis, redondos, completavam um rosto verdadeiramente angelical.

A vida em Andech – como, de resto, em qualquer outro castelo medieval, com pequenas variações para cada região e *status*[3] – obedecia a

[3] A falta de um comércio global de bens essenciais antes do século XIII exigia que cada localidade fosse capaz de se bastar a si própria. Algumas regiões mais favorecidas viviam bem, outras mantinham uma existência precária. Em Andech, o padrão era considerado elevado.

uma certa rotina. As criadas cozinhavam e costuravam roupas, sempre supervisionadas pela senhora e suas filhas. Nas panelas ao fogo, caças, vegetais, cevada, pães, produtos do consumo agrícola direto (autoconsumo) que compunham a base da subsistência nos castelos. Nas casas dos colonos, as carnes eram substituídas por toucinho. Duas tinas grandes de madeira, quase sempre com acabamento em cobre, eram peças triviais no mobiliário de um castelo, usadas como banheira e salgadeira – neste caso, para conservar caças e pescados.

Vinhos (em ocasiões especiais) e cerveja (no cotidiano) faziam parte das refeições.[4] Entre as frutas, as mais comuns eram tâmaras, figos, framboesas e laranjas. Uma quadrinha medieval, de cunho sanitário, enaltecia:

> A alface alivia a insônia e a gonorréia
> mas prejudica o coito e a visão
> efeito que se pode temperar
> acrescentando aipo numa porção

Quando o tempo permitia, a mesa era colocada ao ar livre. Comer era um ato solene. Nas casas dos nobres, havia um empregado conhecido como zelador, encarregado de manter os fogos da casa: o da cozinha e aqueles que realçavam os espaços das salas.

As roupas, esteticamente derivadas dos antigos gauleses, eram compridas para as mulheres e curtas para os homens, dependendo das estações do ano. Em seu estudo sobre o vestuário medieval, a historiadora Geneviève D'Haucourt destaca:

> O período em que os trajes da Idade Média foram mais belos é o de 1180 a 1340, pois estes apresentavam simplicidade de for-

---

[4] No território da Alemanha havia predominância da cerveja, em virtude da grande produção de cevada. Munique era líder européia na produção de cerveja.

> mas e perfeita adaptação ao corpo humano, assim como os melhores materiais na sua confecção: tecidos espessos ou finos, em que as pregas são valorizadas. Homens e mulheres vestem-se então quase da mesma maneira: junto ao corpo uma camisa de mangas longas, que cai até o tornozelo para as mulheres e até a metade da barriga da perna para os homens. Era feita em tecido de lã e assim permaneceu entre os pobres e monges. Usavam-se coletes ou jaquetas. As pessoas cuidadosas trocavam suas roupas íntimas a cada quinze dias. (*A Vida na Idade Média*, Martins Fontes)

As crônicas medievais destacam certos aspectos da intimidade das famílias, alguns deles chocantes:

> Não havia pasta de dente e, por isso, a higiene bucal se resumia a lavar a boca com água ou qualquer outro líquido. Sorrisos com dentes estragados eram comuns mesmo na nobreza. Os banhos esporádicos faziam com que as pessoas exalassem mau cheiro. Como costume, o primeiro banho do ano seria tomado apenas em maio, no final do inverno, quando acontecia a maioria dos casamentos. O uso pelas mulheres de leques sofisticados se prestava mais a espantar mosquitos. Os urinóis eram esvaziados e os excrementos humanos lançados pelas janelas mais distantes do castelo, numa área normalmente destinada à criação de porcos e galinhas.

As mulheres também eram responsáveis pela educação dos pajens que, ao completar 7 anos, vinham ao castelo aprender religião, aritmética,[5] música, dança, caça, ler e escrever, antes de ganhar um lugar na cavalaria. Ou, como destaca o historiador Heródoto Barbeiro, "o desenvolvimento

---

[5] Na Europa, quando se usavam os algarismos numerais romanos de I a X, não havia o número zero, tornando as operações de somar e subtrair bastante complicadas. Os árabes – que preservaram os manuscritos produzidos por gregos e romanos – inventaram um novo sistema, incluindo o zero, que seria levado para a Europa pelos cavaleiros das Cruzadas. O mesmo aconteceu com a trigonometria, que em pouco tempo iria revolucionar e impulsionar o avanço tecnológico no mundo europeu.

da cavalaria teve por base as tradições militares da aristocracia, o idealismo cristão e as Cruzadas. Apesar de nem todo nobre ser cavaleiro, todos os cavaleiros medievais eram nobres. A cavalaria floresceu e teve seu auge no século XIII. Depois degenerou para uma classe arrogante e reacionária". Ser cavaleiro era o objetivo dos homens, que recebiam terras (feudos) do rei, em troca de sua dedicação como fiéis escudeiros, título que podiam ganhar ao completar 21 anos. Eram os vassalos.

Sabe-se que, desde cedo, o carisma da pequena Edwiges se revelaria pelo encantamento pessoal e atitudes humanitárias com os empregados da casa. Muito cedo ela transpôs o fosso imaginário que separava seus aposentos e salões nobres da parte inferior do castelo, onde ficavam a cozinha e as áreas dos criados. Mesmo nas melhores famílias cristãs, onde a caridade era praticada como um ritual de purgação, havia um abismo social entre nobres e criados.

Nesses dias, para consolidar a linha de nobreza do clã de Andech, uma das irmãs de Edwiges, Gertrudes, formalizaria casamento com André II, rei da Hungria, e seria mãe de Santa Elizabeth (Isabel, em português) da Hungria ou da Turíngia (1207-1231). A outra irmã, Andréa, se casaria com Felipe, rei da França. Eram uniões impostas pelos pais (de ambos), com a intenção inequívoca de fortalecer as forças militares e ampliar o poder dos respectivos brasões. A decadência do sistema feudal, apesar de anunciada pela inexorável divisão de trabalho e pelo novo traçado territorial, ainda permitiria, por várias décadas, que a fartura fosse observada em várias propriedades privadas. Era assim no Castelo de Andech, aparentemente protegido pela bênção do Espírito Santo (de fé cristã) e pela guarda militar de Bertholdo.

No quarto reservado ao lazer da família, Ignês passava as tardes contando histórias e fábulas para as filhas menores. Um mobiliário diminuto cumpria o papel decorativo e prático do aposento, onde os móveis comuns eram os baús ou arcas, nos quais se guardavam roupas e baixelas.

Apesar das ameaças do mundo exterior, que atingiam diretamente os homens da casa, essa era uma família feliz.

Estava em curso, em toda a Europa, desde 1096, uma guerra santa onde os interesses da Igreja surgiam tão imponentes e absolutos quanto os interesses do Estado, ou melhor, do rei. Eram as Cruzadas,[6] que em nome de Jesus marchavam com seus exércitos para libertar Jerusalém das mãos dos muçulmanos e, simbolicamente, recuperar o Santo Graal. Foi um período sangrento, promovido pela união de interesses políticos e econômicos do papa e do imperador, que se prolongaria até a sétima Cruzada, em 1217.

Na Alemanha, onde começam as ações desta história, vivia-se sob a dinastia Hohenstaufen, com Frederico I, o Barba-roxa, sendo aclamado imperador do Sacro Império Romano-germânico, na Itália. A Alemanha era então uma região com muita concentração rural e poucas cidades (Munique, a cidade mais próxima de Andech e hoje capital da Baviera, foi fundada em 1158 – e Berlim, capital da Prússia, em 1200, quando Edwiges tinha 26 anos). É notável também, como reflexo de uma tendência, o crescimento da população da Europa que, entre 1000 e 1350, triplicou na Alemanha, França, Inglaterra, Países Baixos e Escandinávia – e duplicou na Itália. Havia no território europeu 35 milhões de habitantes, a maioria cristãos. As maiores cidades eram Londres e Berlim.

Os estatutos das cidades medievais, a partir do século X, outorgado pelo senhor feudal a artífices e mercadores, era uma espécie de contrato social; a cidade livre tinha segurança tanto legal quanto militar, e morar numa cidade corporativa (com administração centralizada) durante um ano e um dia fazia desaparecer as obrigações da servidão. Daí a cidade

---

[6] Na definição do professor e teólogo Donald Spoto, autor da biografia de Francisco de Assis, "as Cruzadas representaram a pior espécie de venalidade e a perpetração de cruéis massacres e pilhagens, atingindo tanto cristãos quanto as forças muçulmanas. Tudo era feito em troca de recompensas espirituais nesta vida e na seguinte".

medieval ser transformada num ambiente seletivo, que reunia a parte mais experimentada, a mais ousada, a mais destacada – talvez, por isso mesmo, a mais inteligente – da população rural. Era o início do secular sonho atribuído aos provincianos de "vencer na cidade grande".

Na Alemanha, a cultura medieval atingiria o auge por volta de 1170, quando os imperadores da Casa de Hohenstaufen propiciam ao Império seu período de maior poder e glória. O estilo de vida dos cavaleiros pode ser considerado o "modelo clássico" dos padrões europeus. A vida já não era mais encarada exclusivamente do ponto de vista da Igreja, mas passava a ser um valor em si.

Em 1171, por decisão do papa Alexandre III, o direito de canonização, que até então pertencera ao Sínodo[7] dos Bispos, agora era exclusivo do papa. Aliás, vários privilégios eram agora centralizados nas mãos do papa. Ou seja, os bispos perdiam o poder de distribuir títulos e comendas. Houve um momento em que, por força dessas influências políticas, a propriedade territorial da Igreja representava um patrimônio igual aos domínios senhoriais leigos. Era a chamada "tendência centrífuga", que levaria os reis da Alemanha (e de outros impérios) a se rebelarem contra os poderes da Igreja.

Na história, esse novo período seria batizado de Absolutismo monárquico, quando a Igreja perdia sua força e os reis ficavam mais poderosos. Assim, quando o papa Lúcio III substituiu o papa Alexandre III, desgastado pelos confrontos com o imperador Frederico, imediatamente transferiu a sede da Igreja de Roma para Verona, de onde tratou de lutar contra o que chamava de "heresia dos valdenses", movimento fundado pelo mercador Pierre Valdo, por volta de 1170, no sul da França, que ficou conhecido como a seita dos Pobres de Lião. Valdo se inspirara na

---

[7] O Sínodo era, até então, o conselho máximo que reunia autoridades eclesiásticas para discutir e resolver problemas ligados à Igreja universal.

pobreza evangélica e seus seguidores foram considerados hereges pela Igreja e reconduzidos à força à fé católica.

Nesse momento, a Igreja estava empenhada até a alma num modelo de economia dominial, na qual o mosteiro era a réplica religiosa do castelo feudal. Arcebispos, bispos e abades eram equivalentes aos duques, barões e condes e, como eles, viviam no luxo e na fartura. Todos os bispos eram proprietários de terras.

Por outro lado, no Castelo de Andech, entre mimos e exercícios de etiqueta, Edwiges sabia que, quando chegasse a hora dos estudos, ela seria mandada ao mosteiro de Kitzingen, na Francônia, de orientação beneditina, onde uma de suas irmãs, Matilde, seria abadessa. Estava tudo previsto. E assim aconteceu quando ela completou 7 anos, em 1181. Esse período no mosteiro – que seria de seis anos – representaria para ela, principalmente no início, um verdadeiro exílio. Ou, como se inscreve nos *Acta*, "uma dura provação". Ela chegou ao mosteiro de carruagem, depois de sacolejar durante horas pela estrada de Nuremberg, rumo à Francônia – e ainda continuava em propriedade de sua família. Pelas gravuras da época, percebe-se que a aldeia de Kitzingen, às margens do rio Meno, tinha mais torres de igreja e campanários que casas propriamente. A ponte ligando as duas margens do rio se destacava na paisagem bucólica.

Na abadia, Edwiges seria recebida pela madre Berta, que procurou animá-la, garantindo que poderia ser um período importante de aprendizado. E foi assim que ela recebeu uma rígida educação cristã e aprendeu as Sagradas Escrituras, seguindo as rigorosas regras de São Bento de Núrsia, o patrono dos beneditinos. Embora cada região tivesse seu idioma característico, o latim era a língua culta e "universal" – desde que adotada pela Igreja e pelos eruditos (escritores, filósofos, teólogos) de Roma e outros centros culturais. Como se dizia em tom de aconselhamento, Edwiges estava na escola "se preparando para a vida". Curiosamente, no ano seguinte, 1182, nascia na cidade italiana de Assis, na região da Umbria, o menino Francisco, que muito cedo assombraria o mundo cristão com seu carisma e sua santidade. Para a Igreja, o santo é aquele que vai para o céu. Os canonizados, entretanto, são aqueles que já foram para o céu durante sua vida na Terra, tornando-se manifestação clara de Deus. Por intermédio deles, acredita-se, Deus opera milagres.

Um retrato de época

A essa altura do século XII, os ensinos católicos representavam a própria vanguarda da elite européia. A criação da Universidade de Paris, em 1150, pelos abades de Saint-Germain-des-Prés, subordinada diretamente ao papa, representava o triunfo da Igreja como centro irradiador de cultura. A iniciativa teve como conseqüência a fundação da Universidade de Oxford, 15 anos depois, por estudantes e professores ingleses que haviam passado pela Universidade de Paris. A Igreja se havia transformado em suporte e garantia de uma sociedade da qual ela própria era a primeira beneficiária: tudo era cristandade.

Do ponto de vista da educação, era a febre do saber, o privilégio das elites, o poder da informação. Uma febre que atingiria até mesmo a pequena Edwiges, ainda em fase de alfabetização, que passou a considerar a possibilidade de permanecer para sempre no convento de Kitzingen, estudando e consagrando sua vida a Deus. A madre Petrussa, sua principal monitora, quando ouviu a confidência prontamente sugeriu uma reflexão mais profunda, ponderando: "Entregar-se ao serviço de Jesus é uma bela causa, porém, somente Deus sabe qual o melhor lugar para você servi-lo." É certo, porém, que a partir desses dias – e por toda a adolescência – Edwiges acalentaria o sonho de viver para sempre num mosteiro.

A rotina no convento e os estudos das obras sagradas, que se intensificaram após a primeira comunhão, fizeram de Edwiges uma menina encantadora, que a todos cativava com sua vivacidade e inteligência. Certa vez, como recebesse regularmente a visita da família, ela comunicou ao pai Bertholdo, laconicamente, em tom de descoberta:

– Papai, aqui me ensinaram que os pobres verdadeiros são os preferidos de Deus.

E assim, na hesitação e na incerteza próprias da idade, ecoou em seus ouvidos o anúncio das Escrituras que diz que Deus está presente nos campos, nas florestas e que seu discurso é voltado para os simples. Desde cedo, levando tudo ao pé da letra, Edwiges começou a procurar do lado de fora do palácio os campos que Deus prestigia com sua presença. E, nisso, ela era obstinada.

Todos comentavam que Edwiges, mesmo sendo uma menina, pensava como uma adulta. Suas virtudes cristãs, manifestadas precocemente como resultado dos exercícios de purificação da alma (auto de piedade), podem e devem ser interpretadas como uma imitação de Deus, algo exemplar enquanto manifestação divina. Ou, como registram os *Acta Sanctorum*, "ela sempre procurava a pureza da vida inocente, evitando a leviandade e a insolência próprias da idade".

Foi na abadia de Kitzingen que Edwiges teria recebido uma revelação divina, por intermédio da irmã Romundes, já velha, cega e doente, que lhe confidenciou:

– O Senhor me revelou que, ao contrário do que você imagina, não será com as grinaldas celestiais das esposas de Cristo que você será coroada, mas com coroa terrena, adornada de ouro e pedras preciosas. E muito pesada, por causa de sua responsabilidade. Lembre-se que Deus estará ao seu lado para aliviar o peso, mas você será uma princesa de verdade.

Edwiges deixou os aposentos da irmã Romundes bastante intrigada, chocada mesmo, acreditando ter ouvido uma sentença capaz de lhe determinar o rumo do próprio futuro. Tudo ficaria mais claro, semanas depois, quando a irmã Berta lhe comunicou que seu pai estava vindo para buscá-la, era hora de voltar para casa. Chegava ao fim um longo e rico período de recolhimento e estudos. Do lado de fora, além dos muros da abadia, o que aguardava Edwiges era um mundo mergulhado em guerras e fanatismo. Para encurtar a conversa, a barbárie estava instalada nessas plagas. A mesma barbárie que seria responsável pela expressão Idade das Trevas – fazendo uso ou não de um estereótipo – para designar esse período que antecedeu o Renascimento. Não seria nenhuma surpresa, portanto, que os interesses de Bertholdo, um nobre senhor de terras, entrassem em conflito com os interesses de Deus: aos 12 anos, Edwiges ganhava do pai um noivo e a promessa de casamento em poucas semanas.

Capítulo 3

Sinal dos Tempos

O casamento, como era visto e praticado na Idade Média, pode ser simbolizado por um jogo de cartas marcadas. Ou seja, enquanto instituição, o casamento estava a serviço de diversos interesses, inclusive da procriação e do amor. Mas, não foram estes certamente os sentimentos que aproximaram a pequena Edwiges do jovem polonês Henrique I, nessa época apenas duque da Silésia (mais tarde ele seria príncipe da Polônia, sucedendo seu pai, Boleslau). Havia interesses estratégicos nessa união, que simbolizou uma aliança de pacificação na fronteira entre os dois países – as culturas teutônica e eslava viviam em choque e os casamentos funcionavam como uma espécie de conciliação, trégua entre os nobres que defendiam seus patrimônios. Foi Bertholdo quem comunicou à filha, com alguma solenidade, que seu noivo, um jovem de família polonesa recém-cristianizada, estava a caminho de Andech para conhecê-la – e que não seria difícil para ela "simpatizar" com um rapaz com tantas virtudes: valente, forte e rico.

Henrique chegou acompanhado de alguns cavaleiros da sua guarda e foi recebido com festa no palácio. Sua alegria foi maior quando percebeu que Edwiges – além de rica – era bela e formosa. Entre os dotes da moça havia um quesito particularmente importante para o jovem duque, que investia em sua nova prática religiosa: ela era católica fervorosa. E, como havia uma certa urgência nas decisões a serem tomadas, o noivado foi formalizado e concluído em questão de dias, pois tudo havia sido decidido previamente.

Quando o casamento foi celebrado, em 1186, por Godofredo de Heifenstein, bispo de Wesburgo, Henrique tinha 18 anos e Edwiges, 12. Eles estavam particularmente formosos nesse dia – Henrique com seu traje de nobre, espada reluzente na cintura, e Edwiges no melhor vestido, confeccionado durante dias pelas melhores costureiras. Na cabeça, uma grinalda ornamentada com pedras preciosas em forma de coroa (porém, não era uma coroa), de formato baixo, mais parecida com uma guirlanda.

Os convidados para a cerimônia em Andech foram escolhidos a dedo e representavam a fina flor das aristocracias alemã e polonesa. O banquete oferecido à noite por Bertholdo acentuava a preferência culinária dos europeus por especiarias e "aves revestidas", ou seja, pavão ou faisão cozidos e ornados com suas próprias plumas. Era, a rigor, uma forte influência da culinária da Antiguidade, rica na arte de ensopados e molhos.

Esses mesmos convidados, todos da nobreza, eram testemunhas do empenho das duas famílias em estabelecer uma "união de forças" contra a invasão dos bárbaros,[1] que perseguiam os proprietários de terras e saqueavam suas mansões. O fato de estarem combatendo, na condição de aliados, um inimigo comum ajudava a dissipar antigas mazelas e desavenças entre os príncipes. Em tempo de guerra, era necessário adotar e reconsiderar as estratégias – e o casamento era uma delas.

Havia um grande contraste entre a violência nos campos de batalha e a paisagem bucólica e serena de Andech, cuja fama como santuário favorito dos peregrinos estava apenas começando. Havia uma religiosidade

---

[1] A primeira grande invasão bárbara aconteceu no século V, através da Gália (território francês). Por povos bárbaros entendam-se as tribos dos sármatas, vândalos, albanos, saxões, burgúndios, alamanos, panoianos, hunos. As expressões vândalo e bárbaro sobreviveriam como sinônimos de gente ou povo violento, sem cultura e sem educação. A invasão que acontecia na época de Edwiges, no final do século XII e começo do século XIII, seria a das tribos mongóis, lideradas pelo conquistador Gêngis Khan.

exacerbada no ar... e na terra! A carreira eclesiástica para homens, como ocupação profissional, era a primeira opção aceitável depois da cavalaria – e por isso mesmo uma tendência da época. Ekberto, um dos irmãos de Edwiges, seria sagrado bispo de Bamberg,[2] enquanto Bertholdo, o primogênito, seria arcebispo de Kalocs e patriarca da Aquiléia. Nesses dias, surgiria na estrutura da Igreja a figura dos frades que originalmente não eram membros do clero, mas leigos. Os outros irmãos de Edwiges, Otto e Henrique, seguiram a carreira militar, garantindo a sucessão do pai Bertholdo na política.

Para Edwiges, a possibilidade de se afastar da família, depois da experiência de seis anos no mosteiro de Kitzingen, não seria mais um grande sofrimento. Ela estava experiente e podia encarar com alguma naturalidade o fato de, logo após o casamento, ter que se mudar para a Silésia, na Polônia, onde seu jovem marido era o senhor. Dias depois, quando as condições do tempo permitiram, uma pequena comitiva deixava o castelo de Andech, em carruagens, seguindo em direção ao leste. Uma violenta tempestade de neve, porém, iria interceptá-los no meio do caminho. Eles ficaram abrigados num castelo pertencente ao pai de Henrique, o nobre Boleslau.

O imprevisto iria retardar em alguns dias a chegada do casal ao castelo de Breslau, onde seriam recebidos pelo repicar de sinos e as boas-vindas do bispo Siroslau. Depois da bênção na catedral, todos rezaram pedindo que o nobre Henrique I, agora adulto e no poder, tivesse serenidade para dirigir os destinos da pátria, ou seja, da Silésia.

Os livros de história registram a presença de povos eslavos nessa região, que por algum tempo pertenceu à Boêmia, ficando, portanto, sob a

---

[2] Em Bamberg (antiga Brambemberg), ao norte de Nuremberg, estava sendo construída a famosa catedral, um dos melhores exemplos de arte gótica alemã. No portal norte (*fürstenportal*), um tímpano (espécie de sino, em metal) apresenta o Juízo Final, onde o escultor revela, de forma dramática e teatral, a reação emocional dos condenados à danação eterna: alguns choram e se desesperam, outros apenas riem.

influência cultural e política da Alemanha. A Silésia, com sua planície a 500 metros acima do nível do mar, era cortada no lado alemão pelo rio Odra (bastante usado no transporte de cargas), e sua principal cidade era Breslau – hoje Wroclaw, no território polonês. Havia a Alta Silésia, onde os eslavos eram maioria, e a Baixa Silésia, com predominância dos alemães. Breslau ficava na Baixa Silésia, onde havia um solo rico em carvão mineral e prata. As cadeias montanhosas dos Sudetos, com picos agudos e sucessivos, separam a Silésia da Eslováquia e da Tcheca. Esta era agora a nova casa de Edwiges. Um lugar onde – ela logo iria perceber – havia mais pobreza e miséria do que na Alemanha.

As virtudes de Edwiges

No primeiro dia de sol, ajudado pela irmã Adelaide, Henrique levou a mulher para conhecer os povoados vizinhos de Glogan e Loewenberg, onde ela encontraria, entre as ostentações dos nobres, uma quantidade assustadora de miseráveis perambulando pelas proximidades dos castelos. Todos famintos e debilitados.

Assim que aprendeu a se comunicar em polonês – começando pelas traduções das orações do Padre-nosso e da Ave-maria –, Edwiges costumava sair do castelo de Breslau com uma pequena comitiva (a cunhada Adelaide, que tinha a mesma idade, estava sempre junto) para visitar as choupanas vizinhas e avaliar as condições de vida de seus moradores. Edwiges estava engendrando, com o apoio luxuoso das finanças do marido e da própria economia, uma forma objetiva de assistência social, levando alimentos, agasalhos e esperança aos necessitados.

Sabe-se que o tom de formalidade predominava como norma nas relações conjugais da Idade Média. Marido e mulher eram duas entidades separadas, algumas vezes unidas pelos mesmos interesses e crenças.

A relação sexual, por exemplo, era entendida como uma concessão de Deus visando à procriação. Era, portanto, algo formal. A castidade, nesse contexto, seria um apreço especial ao amor divino, transformado em renúncia aos prazeres da carne. Diante dessa conjugação de valores, Edwiges e Henrique decidiram, em comum acordo, criar algumas regras de conduta íntima. Por "comum acordo" entenda-se uma imposição dela que Henrique, por força de circunstâncias até mesmo políticas, acabou aceitando. O "acordo" tinha como primeira regra a abstinência sexual durante a gravidez e nos quarenta dias após o parto. O mesmo comportamento deveria ser observado durante a Quaresma, nas vigílias das grandes solenidades cristãs e aos domingos, por ser o dia do Senhor.

Apesar dessas medidas restritivas, que falam muito da falta de afeto e do excesso de formalidade entre os cônjuges, Edwiges seria mãe aos 13 anos. Foi uma experiência frustrada, na verdade, pois o bebê – que seria batizado com o nome dela – viveu apenas três meses, de fevereiro a abril. Um ano depois chegava Ignês (ou Sofia, como aparece em alguns documentos), também morta prematuramente. Nessa época, a maioria dos recém-nascidos não passava dos primeiros meses e poucos dos sobreviventes chegavam à adolescência. As crianças sucumbiam às febres, gripes, diarréia e outras infecções, que em pouco tempo se tornavam graves e fatais. Não havia anti-sépticos e apenas algumas plantas serviam como remédio.

Henrique, que tanto esperava pelo primeiro filho, não se conformava com a falta de sorte e, revoltado, mantinha um comportamento agressivo com a mulher. Edwiges rezava na esperança de poder dar um herdeiro ao marido. Vestia-se com extrema simplicidade e fazia caridade em hospitais e asilos. Tentava livrar das grades os miseráveis, muitas vezes resgatando suas dívidas com os agiotas. Ela estava apenas começando a construir, com gestos simples e objetivos, aquela que seria considerada – no futuro – uma grande obra social. Foi nesse contexto que surgiu uma nova gravidez, a terceira, ainda incapaz de trazer esperança ou otimismo ao desalentado Henrique.

Dessa vez, porém, Edwiges resolveria passar a gravidez longe do clima conturbado da casa, refugiando-se no castelo de Laenhaus, onde certo dia assistiu a uma cena chocante: alguns servos arrastavam um homem pelo pátio, amarrado a uma corda. Era um devedor de impostos em estado de inadimplência com o burgomestre – como era chamado o funcionário encarregado de arrecadar os dízimos. O pobre homem, todo esfolado, implorava clemência e prometia resolver o problema em questão de horas, caso fosse libertado. O episódio chegou ao fim com a interferência de Edwiges, que pagou 2 marcos de prata pela liberdade do camponês. Apesar de nobre, ela sabia que a vida desses camponeses não era nada fácil. Além do trabalho pesado, estavam sujeitos a diversos impostos e taxas que pagavam ao senhor do feudo. Moravam em pequenas e desconfortáveis casas, muitas vezes de um cômodo e chão de terra batida. Mas havia um alento, no momento em que eles começaram a ser protegidos por Edwiges.

Semanas depois, numa noite de outono de 1191, os sinos repicaram na catedral de Breslau: Edwiges, aos 17 anos, dava à luz um menino forte e sadio, que seria batizado com o nome do pai, Henrique II. O nascimento do primeiro filho começava a dar contornos de família ao núcleo do casal. A maternidade deixava Edwiges mais bela e madura. Uma maturidade que seria acentuada com a morte do pai, Bertholdo, em 1204. Logo depois, viria um outro filho, Conrado, para reconstituir de maneira trágica, num futuro próximo, a história bíblica de Esaú e Jacob, sobre a desavença entre dois irmãos. Neste sentido, os *Acta Sanctorum* dedicam um capítulo inteiro a analisar as origens desse dissídio. Existem fortes evidências de que, apesar de o primogênito ser considerado o herdeiro natural da fortuna do pai, acontecia de Conrado – conhecido como o Crespo, o favorito de Henrique – ficar com as honras de sucedê-lo. A despeito das regras tradicionalmente estabelecidas, ele foi o eleito. Em contrapartida, Henrique II receberia a cumplicidade e o apoio da mãe.

Aliás, é bem possível que as preferências, nascidas no desdobramento do cotidiano, tenham sido as causas da discórdia. Esses acontecimentos coincidem com a formação da quarta Cruzada, em 1201. Entre tantos dissabores, uma campanha como as Cruzadas trazia, paradoxalmente, um grande desenvolvimento para o comércio, na medida em que exigia um mercado para atender a dezenas de milhares de europeus que atravessavam o continente por terra e mar.

A primeira obra

A idéia de construir um mosteiro em Trebnitz, tornando concreto um antigo sonho de Edwiges, surgiria após uma caçada nos pântanos da Silésia, quando Henrique (agora conhecido com o Barbado, influenciado pelo estilo dos monges) correu risco de vida ao embrenhar-se de maneira imprudente na floresta. Ele e o cavalo ficaram presos num atoleiro, e a cada movimento feito na tentativa de escapar, afundavam-se mais. Durante a noite fria, reconhecendo-se em risco de morte e muito longe de casa, Henrique fez a promessa pensando em Edwiges: "Se eu sobreviver a isso, vou realizar o sonho dela." Diante da gravidade da situação, a fé de Henrique ganhou contornos de oração. Foi quando algo estranho aconteceu – ele diria depois que um "vulto" teria saltado sobre o lodaçal, tomado as rédeas da situação, afastando o cavalo para um terreno seco. De qualquer maneira, tudo foi muito rápido. Quando Henrique voltou-se para agradecer, não encontrou ninguém, apenas a escuridão. Qualquer que seja a interpretação desse episódio, pelo lado místico ou casual, o fato é que, na volta a Breslau, com o dia amanhecendo, seu estado era lamentável. Apesar disso, Henrique procurou Edwiges para dizer:

– De hoje em diante vou prestar mais atenção em você. Tudo que eu puder fazer para realizar suas obras, eu farei.

Esse episódio, em última análise, revela o prestígio de Edwiges como força espiritual. Mais tarde, Henrique diria: "Naquela noite eu pedi por um milagre. E ele aconteceu." A construção do mosteiro em Trebnitz, que consumiu seis anos entre planejamento e trabalhos forçados, finalmente chegou ao fim em 1203.

Era uma obra monumental e cara, pois tinha as paredes e parte do teto revestidas de chumbo. O edifício havia sido construído no mesmo lugar onde Henrique sofrera o acidente no pântano. Era o primeiro monastério exclusivamente para mulheres e se chamaria mosteiro de Trebnitz.[3] A restrição ao sexo feminino foi um pedido expresso de Henrique. Numa carta datada de 1208, ele explica: "Existem na minha terra três claustros, de três ordens diferentes, todas com representantes do sexo masculino, que podem se recolher para cuidar da salvação de suas almas. Mas, para as mulheres, não existe um claustro. As representantes do sexo feminino também têm o direito de se recolher para espiar seus pecados."

Sabe-se também que a viuvez da filha Gertrudes (casada com Otto von Wittelsbach) seria uma das causas da construção do mosteiro. Apoiada pelo irmão Egberto, bispo de Bamberg, Edwiges receberia meia dúzia de monjas Cistercenses[4] para ajudar nos trabalhos de emergência – e logo todas estavam cuidando dos doentes e desesperados.

---

[3] Trebnitz – gíria que significa "nada" ou "não preciso de nada". Uma referência aos votos de abstinência e pobreza. Assim, sempre que perguntavam às freiras do mosteiro se elas precisavam de alguma coisa, elas respondiam apenas: trebnitz.

[4] Ordem religiosa fundada em 1098, na França, por um grupo de monges beneditinos chamados Monges Brancos, porque se vestiam com hábitos brancos ou cinza. Pregavam a estrita observância às regras de São Bento de Núrsia, sobre como deveria ser a vida num mosteiro. Tinha uma proposta considerada reacionária e retrógrada de resistir ao progresso e retornar aos princípios do monarquismo beneditino, isolando a comunidade em pleno deserto. Era a ordem mais influente no final do século XII, mantendo monastérios em várias cidades da Europa.

Dizem os relatos dos *Acta Sanctorum* que durante o período de construção de Trebnitz, nenhum condenado à morte pelas barras dos tribunais foi executado. Por sugestão de Edwiges, todos os castigados pela pena máxima receberam indultos e foram deslocados para trabalhar na obra. Ela conseguia tirar do cadafalso, às vésperas da morte, pessoas condenadas por dívidas ou pequenos furtos. Suas visitas aos presídios eram regulares. Ela levava comida, agasalhos e providenciava a limpeza das roupas sujas. Como as prisões eram escuras, deixava velas e tochas para que os lugares fossem iluminados. Pobres, enfermos e encarcerados estavam descobrindo o caminho do mosteiro de Trebnitz onde, a partir de agora, poderiam contar com o plantão permanente de Edwiges.

Os núcleos das abadias medievais se parecem com pequenas cidades. Em torno delas eram construídas igrejas, bibliotecas e oficinas para a produção e conservação de ferramentas e carroças, estrebarias e cocheiras. O edifício principal estava quase sempre localizado no centro de uma grande propriedade, onde se cultivava trigo, cevada, centeio e cuidava-se de videiras. Em espaços separados da casa, eram criados porcos, galinhas, patos, vacas e cavalos. Além do trabalho pesado, que acontecia até o pôr-do-sol, boa parte do tempo era dedicada à oração e ao canto sacro.

A enfermaria de um mosteiro era um lugar especial e a doença – a contagiosa em particular –, uma marca do pecado. As pessoas atingidas pelo estigma da lepra (mal de Hansen), por exemplo, deveriam ser afastadas até a purgação. Ficavam isoladas nas florestas e eram freqüentemente molestadas quando apareciam em local público. Quando muito, eram recolhidas por uma embarcação conhecida como *Stultifera Navi* e levadas para uma ilha deserta. Acreditava-se, então, que as doenças se espalhavam pelo mau hálito que, por sua vez, expressava o resultado dos "pecados da alma". Na visão de Edwiges, essa situação de isolamento era infamante e representava uma excrescência do ser humano.

Os males comuns da época, alguns em caráter de epidemia, eram cólera, disenteria, sarampo e caxumba. O ar estava infestado. Era a preparação do ambiente fértil, ou *influenza*, para a famosa peste bubônica ou peste negra, que no século seguinte iria matar 25 milhões de pessoas na Europa, apenas no ano de 1348.

O apoio teórico para as iniciativas de saúde pública pode ser avaliado pela obra Chirurgia, de Rogério de Salermo (1170), cuja fragmentação em 96 ilustrações médicas funcionava como um boletim sanitário, algo como o ABC dos primeiros socorros. As gravuras reproduzem cenas de um cirurgião (vestindo uma touca para realçar sua atividade profissional) examinando diversos pacientes, alguns com distúrbios intestinais, outros ortopédicos ou mesmo de articulação. Os desenhos eram provavelmente copiados de um manuscrito para outro e sua função prática era limitada. Talvez o interesse histórico por esses desenhos esteja no testemunho da crescente importância do médico e de seu conhecimento em todos os aspectos da saúde.

A primeira abadessa nomeada para administrar o mosteiro e cuidar dos doentes, em Trebnitz, seria a madre Petrussa, que Edwiges conhecera em Kitzingen na infância. Ela era afinada com os sentimentos humanitários de Edwiges, que continuava mantendo as obrigações de mãe e esposa como tarefas do seu cotidiano.

O amor sublime

No palácio, Henrique e Conrado já eram meninos crescidos quando outros filhos vieram: Boleslau, Ignês, Sofia e Gertrudes, que foram batizados com os nomes de avós e tias. Os *Acta Sanctorum* registram uma controvérsia sobre a ordem correta de nascimento dessas crianças. Em alguns documentos, Gertrudes aparece como a primogênita, seguida por

Henrique II. É certo, porém, que após o parto do sexto filho, em 1208, o casal decidiria formalizar, ajoelhados diante do bispo Lourenço, os solenes votos de castidade, jurando manter-se em estado de abstinência sexual até o fim da vida. Era o que se chamava de "uma vida de continência". Henrique tinha 42 anos e Edwiges 36. A cerimônia formal, oficiada no domingo da Paixão de 1209, seria acompanhada por um coral de meninos cantando *Magnificat*,[5] enchendo a catedral de Breslau com sons e acordes majestosos. Sobre essa situação, os *Acta* registram o grau de cerimônia entre eles, a partir desse momento:

> Por estas razões, Edwiges procurava evitar a companhia e as conversas com o marido, para não ficar próxima a ele. Só o procurava quando tinha algum assunto importante a tratar, assunto que dizia respeito às obras de piedade, negócios religiosos ou auxílio aos miseráveis. E mesmo assim, em público ou na igreja, na presença de todos. Era claro que para ela o relacionamento não se oferecia à libidinagem. Quando seu marido estava doente, ela não o visitava sozinha, mas com sua nora Ana (mulher de Henrique) ou outras mulheres.

É fácil perceber que ao educar os filhos na fé cristã, incutindo-lhes um forte sentimento de piedade e apontado-lhes o caminho das virtudes, Edwiges transformava sua casa numa verdadeira igreja. Este registro dos *Acta* nos permite conhecer melhor essa devoção:

> Durante toda a vida, Edwiges tratou de guardar a maior honestidade em suas palavras e ações, quer nas conversas com Deus ou perante os homens. Ela sempre tratou de conservar a família sob cuidados diretos, principalmente as mulheres. Dos camareiros e outros empregados exigia disciplina e correção. Não queria inti-

---

[5] Canto religioso em forma de hino falando do encontro da Virgem Maria, mãe de Cristo, com sua prima Isabel. Faz parte da obra o Evangelho Segundo Lucas, terceiro livro do Novo Testamento.

midade com delatores, aqueles que sempre têm duas palavras, como se fossem duas almas que interferem entre si, a alma que vê e a alma que ouve, como o veneno e a mordida de uma serpente. E considerava este tipo de gente instrumento do demônio.

Ela era, apesar de jovem, uma beata. Dormia pouco e comia menos que o necessário, fazendo do jejum uma forma de penitência. Com alguma disciplina, tentava ensinar a prática dessa austeridade para outras pessoas, com a aprovação da Santa Madre Igreja – desde que obter o *nihil obstat* (nada contra) era necessário para a observância do dogma e da pregação. Sua residência passou a ser o mosteiro de Trebnitz, onde ocupava com sua serva Dermudes um modesto alojamento com paredes de pedra. Em poucos meses, havia cerca de cem monjas morando e trabalhando no mosteiro, algumas de linhagem nobre, mas a maioria de origem humilde, para as quais uma pensão com casa e comida seria sempre bem-vinda. Agora que a prole estava formada, Edwiges pouco se encontrava com o marido, que vivia ocupado com o adestramento e a manutenção do seu exército.

Mas, antes mesmo da chegada dos bárbaros à Silésia – o que aconteceria na década seguinte –, seria a luta doméstica, travada entre irmãos, a responsável pelo primeiro grande conflito na família. O estopim foi a iniciativa de Edwiges em conceder ao filho protegido, Henrique II, conhecido como o Pio (piedoso), uma boa porção de suas terras na região de Lessete e Vatislávia. O filho Conrado, reconhecido pelo gênio irascível e descontrolado, reagiu incontinente, revelando ciúme e ódio mortal pelo irmão. Seu pai, então, como forma de compensação, lhe concederia como herança as terras de Lubex e Lusácia, ainda na região da Silésia.

Em 1214, o filho Henrique II, ainda como parte dos arranjos políticos das famílias, casava-se com Ignês de Praga, filha de Otto I, rei da

Alemanha, e Constance da Hungria – tornando-se ainda mais poderoso e bélico que o irmão Conrado. Nessa época, era comum entre os senhores feudais empregar o máximo de suas forças militares na conservação de suas instituições. Mesmo que para isso fosse necessário atacar o próprio irmão.

Para sofrimento e desconsolo de Edwiges, que tudo fez pela reconciliação dos filhos, Henrique e Conrado tornavam-se inimigos e preparavam seus exércitos com a intenção declarada de partir para o confronto. Certo dia, o filho Henrique entrou precipitado em seus aposentos e foi logo dizendo:

– Minha mãe, perdoe-me, mas vim pedir sua bênção. Vou entrar em luta.

Quando Edwiges quis saber contra quem, Henrique respondeu de cabeça baixa:

– Contra meu irmão Conrado. Ele invadiu meus territórios e tenho que enfrentá-lo em nome da minha herança e dos meus domínios.

Apesar da forte argumentação, Edwiges não conseguiu convencer o filho a mudar de idéia. Mas insistiu em que, caso o destino lhe fosse favorável, ele poupasse a vida do irmão Conrado durante o confronto.

E o confronto aconteceu em Studinit, na Alta Silésia, entre os morros Áureo (Goldberg) e Lenik. Sabe-se que foi uma luta sangrenta, onde os exércitos fizeram uso abundante de lanças e espadas, moldadas não exatamente para cortar os membros (protegidos por uma rede fina de metal), mas para quebrar os ossos. Os elmos, que desde o século anterior contavam com uma viseira protetora, exigiam o uso de marcas na armadura ou bandeiras que permitissem a identificação dos guerreiros (razão da crescente importância da heráldica na vida dos clãs). Mesmo assim, o campo de batalha ficaria coberto de sangue e vítimas. Uma das armas mais comuns, a balestra (ou besta), era um arco de ferro montado sobre uma haste que permitia o arremesso de pequenas flechas. Com a vitória dos homens de Henrique, Conrado reuniu o que sobrou de suas tropas e fugiu para a Glogóvia, onde ficaria sob a proteção do pai.

Sabe-se que as lutas entre os irmãos – e que envolviam eventualmente o pai – iriam consolidar o estigma de Edwiges para o sofrimento e destacar seu estado espiritual de beatitude,[6] reconhecido como conseqüência de exercícios cotidianos das chamadas "virtudes heróicas". Ela praticava o que se pode chamar de "uma vida de austeridade". Sua dedicação à caridade era comovente. Andava descalça e procurava os piores hospitais e os doentes mais sofridos para cuidar. Foi incansável durante um surto de febre que atingiu a região da Silésia e comportou-se estoicamente quando da morte de outro filho, Boleslau, o caçula entre os homens, morto em campo de batalha durante campanha contra os muçulmanos, em 1214.

Boleslau, mesmo sendo jovem, atendia a uma convocação do papa Inocêncio III para a quinta Cruzada, ou Cruzada das Crianças. Esta foi uma Cruzada especial, criada em 1212 por um pastorzinho francês e outro alemão, de apenas dez anos, que promoveram uma expedição com 52 mil crianças. Os líderes acreditavam que somente a pureza desses meninos poderia libertar a Terra Santa sem violência e sem armas. O caminho deles até a Palestina, entretanto, foi marcado pela tragédia. As crianças alemãs – 21 mil que saíram dos Alpes em direção a Gênova – e as francesas – 31 mil que partiram de Marselha em sete navios – tiveram um fim trágico. Muitas morreram de fome e de sede antes mesmo de chegar ao seu destino, outras se afogaram, foram trucidadas no Egito e na Tunísia,

---

[6] Santidade é a felicidade eterna e suprema; antes da era cristã, a entrada dos homens na categoria de santo era chamada de Apoteose, quase sempre contemplando heróis pagãos reconhecidos pela bravura ou outros grandes serviços. A deificação era normalmente reivindicada pelos imperadores que, naturalmente, se achavam "o máximo". A beatificação está quase sempre apoiada na comprovação de milagres e no reconhecimento público de poderes espirituais.

ou, ainda, vendidas como escravas em Bagdá. Só uns poucos combatentes voltaram para casa. Boleslau não estava entre eles.

Esses acontecimentos certamente contribuíam para a mística de Edwiges, identificada por todos como "uma santa mulher que dedica sua vida aos oprimidos". Seria conveniente considerar que, nessa época, os ideais de perfeição na conduta humana eram considerados uma legítima aspiração espiritual. Ou seja, a virtude era invejável enquanto modelo.

Edwiges não era um caso isolado de coragem e espiritualidade excepcional. Além de Francisco de Assis que, aos 21 anos, já era uma lenda viva na Itália, algumas mulheres tornavam-se conhecidas pela espiritualidade. Eleonora de Aquitaine, aos 15 anos, casou-se com Luiz VII, rei da França, e foi com o marido para as Cruzadas, comandando um pequeno grupo de mulheres. Acusada de traição ao se apaixonar por Raymond da Antióquia, seu tio, foi presa e libertada dois anos depois, quando voltou às atividades políticas. Era protetora dos trovadores, que com suas baladas e canções mantinham a tradição do amor cortês – e conheceu pessoalmente Francisco de Assis. Foi mulher poderosa e teve dois filhos reis: Ricardo Coração de Leão e João.

Hildegarde de Bingen, também contemporânea de Edwiges, vivia na Alemanha como anacoreta (penitente que vive na solidão, em estado contemplativo), enclausurada numa pequena cela, com abertura suficiente para a passagem do prato de refeição. Tinha visões que foram relatadas ao papa, muitas vezes em forma de cantos, que a transformaram numa mulher culta, escritora e compositora. Era conhecida como "a Visionária".

Como Eleonora, também Matilda Maud, neta de William, o Conquistador, casada com o imperador germânico Henrique V, ajudava o marido nos campos de batalha, comandando um pequeno exército de homens. Fez história como mulher destemida.

Outro exemplo marcante de santidade foi o da menina Clara, discípula e conterrânea de Francisco de Assis, também de família nobre, muito bela e rica. Aos 18 anos, Clara fugiu de casa e foi morar no Oratório de São Damião, para melhor cuidar dos necessitados. Logo depois seria a fundadora da Ordem das Clarissas.

Em 1208 nascia em Praga Ignês, também de família nobre (seu pai, Otto I, era rei da Boêmia), que seria educada em mosteiro antes de ser conhecida como Santa Ignês de Praga. É provável que esta mulher tenha recebido forte influência de Edwiges, pois seria responsável pela construção de um hospital e um mosteiro – o das irmãs Clarissas, onde mais tarde ela seria abadessa.

A luz e a glória

É difícil estimar quantos santos surgiram nessa época ou quantas pessoas foram canonizadas pela Igreja. Sabe-se que os primeiros anos da era cristã (de Nero a Diocleciano), quando os exércitos romanos perseguiam e matavam os seguidores de Jesus, funcionaram como uma verdadeira fábrica de mártires: São Jorge, São Sebastião, São Vítor, São Luciano, Santa Dionísia, Santo André e muitos outros – esfolados e queimados vivos, transformados em mártires por jamais terem negado sua fé. Agora, em torno do ano 1200, os conflitos da guerra religiosa criavam uma nova geração de mártires, mudando apenas o algoz: saem os imperadores romanos e entram os bárbaros, com sua fúria selvagem e índole revolucionária. Muitos bravos cristãos, quando intimados a renegar sua crença religiosa, morreram na ponta da espada tentando evitar o saque e a queima de suas igrejas e catedrais.

Ao lado da crueldade da guerra, das injustiças sociais e da decadência moral da Igreja na época de Edwiges, não se pode negar que havia também inauditas realizações. Construíam-se castelos espetaculares e proliferavam as grandes catedrais, escolas e mosteiros – verdadeiras obras de arte gótica. Além da beleza plástica, essas esculturas nos permitem "tocar" no trabalho dos artesãos medievais, artistas anônimos que tudo faziam em nome de Deus. A catedral de Notre-Dame, em Paris, inaugurada em 1180, ostentava tal beleza e magnitude que muitos fiéis consideravam-na inadequada, já que "Cristo se apresenta mais humilde que suas igrejas". A catedral é, por definição, a igreja do bispo. Desde os primórdios da cristianização, há um bispo em cada cidade. A catedral de Chartres, na França, construída em 1164, é considerada uma das mais belas coleções de esculturas do mundo, uma obra-prima de harmonia e proporção. O mesmo pode-se dizer da catedral de Colônia, na Alemanha, concluída em 1248, com apenas uma torre (a segunda torre foi acrescentada ao prédio no século XIX).

A partir do Concílio de Latrão, em 1215, a criação de universidades e a observância dos estudos acadêmicos passaram a ser tarefa educacional dos padres, que antes usavam os pórticos das igrejas como sala de aula (quem não se lembra de São Francisco falando aos seus amigos franciscanos nas escadarias?). Os estudos científicos e tecnológicos anunciavam suas primeiras conquistas depois das trevas: a multiplicação do arado no campo e a arquitetura nas cidades. As artes teatrais saltavam para além dos muros dos castelos e ganhavam o nome de saltimbancos ou teatro mambembe, percorrendo as cidades com suas alegres (ou dramáticas) alegorias circenses.

A literatura, que já havia produzido os versos de *Canção de Roland*, em 1100, tendo como pano de fundo as aventuras de um guerreiro durante o reinado de Carlos Magno, agora produzia a força do *minesung* (trovador) alemão Walther von der Vogelweide, contemporâneo de Edwiges, que vivia no Tirol. Os poetas medievais cantavam, sobretudo, o amor cortês, a mulher inacessível e a vida nos castelos. Havia ainda as narrativas épicas, em prosa, com as experiências dos cavaleiros das Cruzadas ou de heróis de guerra como os clássicos El Cid e Rei Arthur, da Távola Redonda.

O latim era uma língua viva, precisa e técnica, o instrumento universal da cultura religiosa, literária, filosófica, científica e jurídica. A arte se manifestava igualmente grandiosa em esculturas, vitrais e suas melhores *performances* estão nas catedrais e abadias, tapeçarias e iluminuras (ilustrações de manuscritos, geralmente em miniaturas), sendo que muitas peças sobrevivem até hoje em museus, galerias e catedrais da Europa.

O filósofo e médico Maimônides (1135-1204), judeu espanhol nascido em Córdoba, divulgava o *Guia dos Perplexos*, escrito em árabe e traduzido para o latim, que serviria como fonte de referência para a escolástica de Santo Tomás de Aquino (1225-1274) e sua estimada *Suma Teológica*, síntese de tudo o que influenciava o pensamento cristão da época. O também espanhol Averróis (1126-1198) apresentava seus estudos sobre jurisprudência e teologia – e outra obra com comentários sobre o pensamento de Aristóteles. O papa, quando da inauguração do mosteiro de Trebnitz, era Inocêncio III (o sétimo desde que Edwiges nasceu), responsável pela quarta Cruzada e pela criação da Ordem dos Dominicanos.[7]

A essa altura, com a morte de Frederico Barba-roxa, em 1190, a Alemanha era comandada pelo filho dele, Henrique VI, que seria aclamado rei antes mesmo da morte do pai. Seu casamento com Constância, herdeira do rei da Sicília, iria lhe trazer a estabilidade necessária para exercer o poder também na Itália. Esse momento coincide com o assassinato, em

---

[7] Ordem fundada por São Domingos em 1214, a partir da adesão de 16 discípulos comprometidos com a pobreza em Toulouse, França. Os membros dessa ordem tinham alguns privilégios concedidos pelo papa, como, por exemplo, ouvir confissões e dialogar com os devotos.

Bamberg, do rei Felipe II, da Suábia, pelo poderoso Otto von Wittelsbach – cuja família controlava toda a região da Baviera desde 1080. O episódio do assassinato colocaria em desgraça a família paterna de Edwiges – incluindo seus irmãos – por mais de uma década, pois os membros da Casa de Andech ficaram sob suspeita de cumplicidade.

A beata, refratária às intempéries da vida mundana, com suas mazelas imorais e violentas, passava a maior parte do tempo no mosteiro de Trebnitz, onde a filha Gertrudes preparava-se para ser abadessa. Era como se ela intuísse a tragédia que se avizinhava, quando o inimigo comum ao Ocidente chegaria para eliminar qualquer vestígio cristão que houvesse na face da Terra. E a Silésia estava no caminho do exército tártaro.

Capítulo 4

Uma Tragédia Familiar

Disputas violentas entre parentes – incluindo pais e filhos – beiravam a banalidade na Idade Média e eram decorrência de uma desesperada luta pela posse da terra, única forma possível de poder para um senhor feudal. Atos de crueldade promovidos por príncipes poloneses resultaram em inquérito instaurado pelo papa Gregório IX, que acusava Henrique de injúria e danos morais ao bispo de Gnensen e outras autoridades eclesiásticas. Essas questões ficaram conhecidas na história como Querela das Investiduras, a maior disputa entre a Igreja e o Estado, que regulava o papel e a importância do príncipe e do bispo no comando das ações. A questão começara no século XI e atravessaria o século XIII, quando os Estados se consolidavam pelas forças militares e ousadia dos príncipes.

No caso de Henrique, ele não apenas desdenhou as admoestações do papado como desautorizou seus procuradores a abrirem qualquer processo de defesa – levando as autoridades de Roma a pedirem sua excomunhão, que seria finalmente consumada pela retumbante decisão papal. Sabe-se que Edwiges sofreu muito nesse período, pois considerava uma tragédia a exclusão de Henrique do Reino dos Céus.

Parece não haver dúvidas de que Henrique era um homem valente e determinado, que não fugia à luta quando necessário. Em 1227, durante os conflitos deflagrados pela disputa familiar entre Otto, da Alemanha, e seu filho Wladislau, o nobre Henrique – que tinha uma aliança militar com o imperador – acabou gravemente ferido, sendo salvo das lanças por um soldado de nome Peregrino de Weszemberg, que acabou morrendo pela espada inimiga. Otto foi derrotado e expulso de suas terras pelo próprio filho. Mesmo ferido, Henrique conseguiu escapar e dias depois estava curado.

Durante uma disputa entre príncipes regionais – poloneses *versus* pomeranos –, Henrique I acabou prisioneiro do filho Conrado. Isso acontecia porque os herdeiros, ao adquirir terras e autonomia, ganhavam também uma dose extra de responsabilidade, ambição e ousadia, fazendo com que muitas vezes os laços familiares fossem superados por interesses políticos. Assim acontecia com Conrado, que num passado recente tinha sido o favorito do pai e, agora, tornara-se seu algoz.

Determinado em aumentar seu poderio na região, Conrado decide invadir uma missa e fazer de seu pai Henrique prisioneiro. Seu destino estava marcado: o filho decide mandar o pai para a região da Mazóvia. Foi Edwiges quem corajosamente viajou horas numa carruagem para apresentar-se diante do filho em defesa do marido. Dizem os relatos que Conrado, que já tinha recebido pedidos idênticos de outras autoridades influentes, capitulou diante da própria mãe. Como um anjo, ela o ameaçava com a justiça divina – o que teria feito Conrado libertar o pai imediatamente. Seu poder de argumentação recebia em certos momentos o reforço de um enérgico tom messiânico, quase divino. Nos *Acta Sanctorum*, esse momento ficou assim registrado:

> Quando Edwiges apresentou-se diante do filho, que inspirava ferocidade, este se transformou completamente, assumindo um aspecto lamentável, de alguém pilhado em flagrante, cabisbaixo, apavorado mesmo, ouvindo a mãe e prometendo humildemente fazer tudo o que ela mandasse.

O desfecho deste episódio revela que, com sua atitude determinada, Edwiges conseguiu não apenas a libertação imediata do marido, mas a reconciliação dos príncipes. Os registros dos *Acta* revelam que:

Henrique, o Pai, acabou deixando para Conrado a monarquia da Polônia e a tutela dos filhos do irmão Boleslau. Todos esses tratados foram firmados por juramento solene. Edwiges conseguia restabelecer a paz entre os príncipes.

O reconhecimento dos "direitos de afinidade" seria peça importante no xadrez político da Idade Média, pois a nova ordem exigia dos governantes um comportamento prudente e digno. A Polônia (a Casa de Piast) estava fragmentada em vários ducados, subdividida em regiões como Polônia Maior e Polônia Menor; Pomerânia Oriental e Ocidental. Por outro lado, sabe-se que ao ajudar Conrado, anos antes, a se defender dos borússios, os Cavaleiros Teutônicos vieram, venceram e traíram o príncipe polonês, instalando na região um novo governo, que seria conhecido como Reino da Prússia.

Ainda em 1227, depois de sobreviver à violência nos campos de batalha, Conrado seria vítima do ataque de um animal selvagem (provavelmente um felino ou um urso), durante uma caçada na floresta da Tamovia, que lhe provocou graves ferimentos no abdômen, e nas pernas. Ele teria açulado a "fera" (como dizem os autos) até a exasperação total. Há controvérsias, porém, quanto à veracidade deste episódio, negado por aqueles que acreditam que Conrado tenha sido vítima de uma emboscada. O fato é que ele ainda sobreviveu alguns dias num leito de hospital, sob cuidados médicos, mas não resistiu aos ferimentos. Por decisão de Henrique e dos filhos, a morte de Conrado seria mantida em segredo, sendo que para Edwiges seria dito que ele estava gravemente ferido e pedindo a presença da mãe. Os registros dos *Acta* informam que Edwiges deu a seguinte resposta aos mensageiros:

> Vocês estão tentando me enganar, dizendo que meu filho ainda está vivo. Mas eu tive uma visão esta noite e tomei conhecimento de sua morte. Eu quero vê-lo agora.

A purificação

Preparada espiritualmente para as exéquias, Edwiges pediu (e foi atendida) para que o corpo do filho fosse enterrado na capela do mosteiro de Trebnitz, onde Gertrudes era monja. Recolhida em sua própria resignação, Edwiges interiorizava sua dor enquanto os homens da família saíam para os campos de batalha – o Império Mongol, liderado por Gêngis Khan (que morreria naquele mesmo ano), já se estendia por boa parte da Rússia, Ásia e Europa.

A fama da austeridade de Edwiges ultrapassava as paredes do mosteiro, criando uma verdadeira onda (comentários) sobre seu retiro e modo de vida, onde o jejum era uma forma importante de mortificar e purificar o corpo e o espírito, como registram os *Acta*:

> Observava o jejum todos os dias do ano, com exceção dos domingos e principais dias festivos, quando chegava a tomar duas refeições. Durante quarenta anos se absteve do consumo de carne e gorduras. Uma vez, seu irmão dom Egberto, bispo de Brambemberg, com quem ela mantinha boas relações, censurou-a por causa da severidade do regime. Dizia que ela não podia sacrificar sua vida a tal ponto. Ela, entretanto, se recusou a atender às ponderações do irmão dizendo que, com a ajuda de Deus, pretendia levar a cabo aquelas práticas de purificação que adotara exatamente por amor a Ele.

Certa vez, quando estava doente e fraca, Edwiges foi censurada pelo marido por só beber água morna nas refeições, recusando o vinho, que já nessa época era considerado saudável por suas propriedades medicinais. Contam os *Acta*:

> Henrique ficou indignado, primeiro porque julgava aquele radicalismo realmente exagerado; e, segundo, porque a mentalidade da época atribuía à falta de vinho o freqüente mal-estar que acometia a maioria das mulheres. Dizem os relatos que certo dia

> Henrique I chegou de surpresa à mesa onde Edwiges estava tomando a refeição, pegou a bilha que estava à frente dela (com água) e levou-a à boca. Afirmam as testemunhas que Henrique provou o esplêndido sabor de um vinho fino, reagindo com severidade ao delator, um servo do mosteiro de nome Chevalislau, que jurava ter colocado água na bilha, como fazia todos os dias. Era mais um milagre de Edwiges, agora transformando água em vinho. No final, ela ainda consolou o delator, que ajoelhado a seus pés pedia perdão e jurava inocência: "Minha Santa Edwiges, eu tinha a melhor das intenções, pois temia pela sua saúde..." Este episódio revela o prodígio de Edwiges, que assim fortalecia sua devoção.

Do ponto de vista da solidariedade, a devoção de Edwiges, aliada à sua riqueza pessoal, permitiriam que durante duas décadas ela pudesse construir uma grandiosa obra social, erguendo e colocando para funcionar vários hospitais e mosteiros. Este capítulo vai tratar apenas das obras inteiramente executadas pelo casal, deixando de lado a recuperação e a restauração de hospitais e igrejas menores – que somam mais de uma dezena. As ações assistenciais de Edwiges visavam ao conforto do corpo e da alma dos necessitados.

Assim, o primeiro mosteiro construído por Henrique e Edwiges, depois de Trebnitz, seria a Casa Saganense (na aldeia de Sagano), em 1207, onde antes existia a abadia de Santa Maria de Arena. A obra seria comandada pessoalmente por Edwiges, segundo créditos conferidos pelo próprio Henrique I. Os documentos de arquivos ressaltam os acontecimentos que antecederam a fundação da instituição, que permaneceu algum tempo em jurisdição intermediária (chamada oficialmente de *praepositura*), antes de assumir a categoria de abadia. A burocracia exigiu tempo e paciência de um obstinado Henrique, mas no catálogo do abade Nicolau Quoss, de Santa Maria, está inscrito:

> Na realidade, melhor seria registrar a fundação como sendo obra da própria santíssima Edwiges, pois foi graças a seus pedidos

e preces que o marido, duque da Silésia, fundou e construiu a abadia. Acontece aqui o mesmo que ocorreu no episódio da mãe dos filhos de Zebedeu, quando quem pediu foi ela, mas na realidade era um desejo deles. A mãe foi simplesmente a intermediária junto ao Senhor.

Em seguida, veio o mosteiro de Camencz (ou Kamenza), cujas obras começaram em 1207 e terminaram em 1216. Na *Crônica dos Príncipes da Polônia,* documento elaborado no século XIV, existe uma referência às origens do mosteiro:

> No tempo do bispo Lourenço foi fundado um mosteiro em Camencz, no local onde antes havia um quartel e uma capela em honra a São Procópio.[1] A região tomou o nome de Camencz por causa dos rochedos e penhascos que faziam parte da paisagem. No decorrer dos anos, muitos monges de diferentes ordens passaram por ali: os Cônegos Regulares saíram de Camencz em 1222 e foram substituídos pelos Cistercienses, que ali permanecem até os dias de hoje.

A aproximação dos ideais de Edwiges e Francisco de Assis, em torno de um entendimento comum – a pobreza em nome do Senhor –, coincide com a quinta Cruzada, ou Cruzada das Crianças.

A quarta obra de importância construída na Silésia pelo casal Henrique e Edwiges seria o Hospital e Albergue dos Estrangeiros, em Vlatislávia (como os poloneses chamavam Breslau). Eles atendiam a um pedido de ajuda de dom Witoslau, abade do mosteiro dos Cônegos Regulares

---

[1] Procópio nasceu no século X, na Boêmia, mas tornou-se monge possivelmente num monastério da Hungria. Em 1029, retornou à Alemanha para viver como eremita no vale de Sazava, até sua morte em 1053. Foi canonizado pelo papa Inocente III, em 1204. Seu monastério em Sazava sobreviveu até 1785.

de Santo Agostinho. Foi o próprio Henrique, o Barbado, quem lançou a pedra fundamental e financiou a construção do hospital, que tinha capacidade para atender sessenta pessoas. Toda a administração humana, digamos, do hospital era de responsabilidade de Edwiges, que orientava enfermeiras e serventes, tratando pessoalmente dos doentes como na casa de Lázaro, ela dizia.

A medicina era naturalista e baseada na longa tradição dos médicos gregos, latinos e árabes. Nas áreas rurais, os remédios se resumiam à elaboração de algumas ervas conhecidas por suas propriedades de curas elementares, como cicatrização e expectoração. No mais, era carinho, conforto e comida de que eles precisavam.

Em seguida, fazendo uma conexão com o que acontecia em Assis, na Itália, Edwiges planejou e executou a construção do mosteiro de Goldberg (monte áureo), que a seu convite seria administrado pelos frades menores ou franciscanos. O mosteiro nascia apoiado financeiramente pela Fundação do Monte Áureo, que seria inaugurada entre 1219 e 1220. Na obra *Germânia Franciscana*, de Virgilius Greiderer, no capítulo chamado "Monasterium", encontra-se a seguinte crônica:

> A divina Edwiges consagrou esse lugar aos estudos da doutrina e da religião antes dos anos 300. Com grandes gastos, mandou buscar frades franciscanos em Assis, uma cidade na região da Úmbria, na Itália, onde um homem religioso chamado Francisco reunira um pequeno grupo de pobres. Estes frades, também conhecidos como mendicantes, foram instalados primeiro na aldeia de Monte Áureo, onde foi criada uma escola para propagar o Evangelho na língua local.

Existe controvérsia a respeito do ano em que Edwiges teria recebido os franciscanos no mosteiro, podendo ser 1219, 1220 ou mesmo 1222. A investigação dessa data implica identificar o surgimento dos primeiros discípulos de Francisco, pois só a partir deles é que poderíamos identificar como ocorreu o deslocamento de alguns monges para a Silésia. Não existe controvérsia, porém, quanto ao impacto que a doutrina franciscana pudesse ter em Edwiges e nas monjas da Silésia. Esse período coincide com as enfermidades e o retiro de Francisco, que no final de 1221 acabara de compor um conjunto de normas que acreditava refletir a opinião geral dos frades. Esse documento chegou até os nossos dias com o nome de *Primeira Regra dos Irmãos Menores*, onde Francisco deixa de fora uma questão que existia em todas as regras religiosas anteriores, desde São Benedito: castigos, punições e primazia da autoridade em vez do amor. Era como se ele estivesse processando uma revolução nos costumes da prática monástica.

Outras iniciativas de Edwiges, incluídas na categoria "obras assistenciais", se seguiram com a construção do convento Henricoviense, que ficou pronto em 1227, e seria administrado pelos monges Cistercienses. Essa obra vinha anexada ao Instituto Eclesiástico Henricoviense, uma forma jurídica criada para captar recursos oficiais. O convento durou até a chamada Guerra dos Hussitas, patrocinada pelo visionário tcheco John Huss, em 1430. A cidade de Goldberg seria tomada pelos hereges, que a devastaram e incendiaram.

A sétima e última obra de Edwiges, a construção do mosteiro de Boleslávia (antiga Bunzlau), em 1234, administrado pelos Monges Pregadores, consolidava uma das maiores iniciativas sociais da Idade Média. Pouco depois, esse mosteiro seria atacado, destruído e os monges mortos, inaugurando um período de fúria e violência que devastaria grande parte do território europeu. Eram os mongóis arrombando os portões de castelos e abadias.

Uma vida exemplar

Ano de 1238. Apesar do longo tempo passado em frentes de batalha, Henrique I, o Barbado, iria morrer de doença e não de valentia, como era de se supor. Um pouco antes, Edwiges havia conseguido (com a ajuda dos filhos religiosos) uma absolvição papal para o marido, alegando que sua obra de caridade deveria neutralizar os motivos da excomunhão. Era, como se dizia no direito canônico, uma "questão rescindível", que permitia a Henrique recorrer da decisão. E assim foi feito. Agora, quando estava na região da Crosna, Henrique fora acometido de um mal súbito – uma doença não identificada, talvez infecção seguida de febre – e faleceu, longe de casa. Quando Edwiges chegou, Henrique já estava morto, cercado de servos de uma enfermaria que se lamuriavam diante do cadáver do patrono:[2] "Senhora, até o último instante seu esposo continuou chamando pelo seu nome."

Por iniciativa de Edwiges, o marido seria também sepultado no mosteiro de Trebnitz, ao lado do filho Conrado. Trebnitz era, sem dúvida, o mais rico e bonito entre todos os mosteiros que havia na Silésia – e não eram poucos. Em seu túmulo está esculpido o epitáfio:

> Tento chorar aqui, oh, duque Henrique, honra da Silésia. Aqui jaz ele, como um alicerce deste imenso fundamento (o mosteiro), pleno de virtudes: asilo dos necessitados, escola de costumes, castigo dos culpados. Reza, sejas tu quem fores, tu que daqui a pouco tiveres a felicidade de encontrar este lugar bom para o descanso, reza!

A morte do marido foi determinante para Edwiges radicalizar uma postura de devoção ao espírito, elevando suas virtudes aos patamares clássicos da santidade. O filho Henrique II, o favorito de Edwiges, seria agora

[2] Patrono era o provedor do mosteiro ou abadia. Era o chefe – *caput mansi* –, como se refere um auto dos arquivos clunisianos.

o herdeiro político do pai. As exéquias pela morte de Henrique I (uma mistura de homem religioso e senhor feudal) motivaram testemunhos eloqüentes das freiras de Trebnitz, segundo os *Acta*:

> Enquanto todas choravam inconsoladas pela perda do excepcional protetor e patrono,[3] como era visto o fundador de Trebnitz, Edwiges, sem derramar uma lágrima, se apresentou ante as irmãs censurando-as pela fraqueza de coração. Dirigia-lhes palavras de conforto para amenizar a tristeza. Não que ela nada sentisse pela morte do marido – que em vida tanto amara –, mas porque sempre se curvava diante da vontade divina. Ela também avaliava que, próxima de outras monjas, deveria ser um exemplo de constância e paciência.

Apesar disso, ela nunca aceitou oficialmente o título de religiosa ou monja – com reconhecimento pelo bispo –, preferindo trabalhar na condição de leiga. Argumentava que o voto de pobreza iria impedi-la de manter o patrimônio e, conseqüentemente, de continuar ajudando os pobres e necessitados. Ela nada queria para si, mas sabia muito bem como administrar seu patrimônio.

O cenário de guerra

A passagem dos mongóis pela Polônia, em março de 1241, seria devastadora. Mesmo contando com a cumplicidade dos Cavaleiros Teutônicos e Templários, ordens religiosas criadas na Alemanha e na Inglaterra, como apoio militar às Cruzadas, o prejuízo para os príncipes

---

[3] O historiador Steven Runciman, em *A História das Cruzadas*, registra: "Depois de conquistar Kiev, na Ucrânia, parte do exército mongol seguiu para a Polônia, ao norte, pilhando Sandomir e Cracóvia. Houve uma feroz batalha em Wahlsdadt, quando as tropas do duque Henrique seriam desbaratadas. Após devastar a Silésia, os mongóis foram para o sul, atravessando a Morávia até a Hungria."

e para a Igreja seria enorme. Os Teutônicos, que foram oficialmente reconhecidos pelo papa Inocente III, em 1199, tornar-se-iam, em pouco tempo, os principais predadores da cultura polonesa. Como diz o historiador francês Henri Pirenne, tratando da história social da Idade Média:

> Cabia à Ordem Teutônica abrir pelas armas, desde 1230, um novo caminho aos avanços alemães na Prússia Oriental, na Livônia e na Lituânia. Os bávaros, por sua vez, chegavam à Boêmia, à Silésia e ao Tirol, e dominavam os antigos habitantes eslavos destas regiões ou conviviam com eles.

Por fim, mesmo que se evitem as atitudes emocionais e julgamentos de mérito, é irrefutável que as realizações da Antiguidade clássica pouco ou nada interessavam às sociedades germânicas. Não resta dúvida de que os germânicos, por quaisquer que sejam os motivos, destruíram muito mais do que preservaram. Este documento histórico, escrito por um monge polonês, faz um alerta:

> Agora que os teutônicos já vêm entrando em várias regiões da Polônia, começam a vir à tona os graves desgastes e prejuízos que isto acarreta. Os frades teutônicos, com muita freqüência, demonstram total desprezo pelas nossas sentenças e induzem os outros, por seus perniciosos exemplos e persuasões, a fazerem o mesmo.

Num certo momento, o exército de Henrique, de 30 mil homens, era o último foco de resistência das forças da Silésia. Alguns estrategistas sustentam que Henrique esperava ajuda de 50 mil homens de seu cunhado Wenceslau I, da Boêmia, sem jamais saber exatamente "quando" o reforço chegaria. A falta de informação era uma das características da época, quando a figura do mensageiro (sempre a galope) tinha uma importância fundamental em qualquer estratégia de guerra.

A temporada de lutas acabaria determinando o deslocamento temporário de Edwiges, da filha Gertrudes (a última filha viva), da irmã

Dermunda e da nora Ana para um período na Crosna, onde se refugiaram num castelo. Certa noite, Edwiges chamou Dermunda para uma conversa, quando fez um prognóstico:

> Eu acabei de perder um filho, meu único filho. Ele se foi como um passarinho que velozmente fugiu de mim. Não o verei mais nesta vida.

No dia seguinte chegava a confirmação: Henrique II, o Pio, estava entre as vítimas fatais de uma batalha, quando morreram também sete cavaleiros templários. Henrique morria como herói durante a batalha de Wahlsdadt, próximo a Liegnitz (atual Legnica). A derrota imposta por Kaidu, neto do Khan,[4] não desmereceu a coragem e a bravura de Henrique, consideradas fundamentais para a resistência polonesa. Seu corpo seria levado para Breslau, onde foi sepultado no convento dos franciscanos – que ele apenas tinha começado a construir. Desde então, 9 de abril – dia da batalha e da morte de Henrique – tornou-se uma data solene na história da Silésia, enquanto o ano de 1241 marca também a data de fundação oficial da cidade de Breslau. A passagem dos mongóis pela Silésia – depois de consolidar suas conquistas em todo o norte da China e na região do Tibet –, instalando o terror anticristão, seria assim dimensionada nas páginas dos *Acta*:

> Os bárbaros apareceram de maneira tão inopinada que muitos cidadãos não tiveram tempo sequer de fechar as portas de suas casas. A fama de crueldade deles era tal que todos fugiam sem tentar qualquer reação. Mas, sem que até hoje alguém consiga explicar como nem por que, no dia 16 de janeiro de 1241 os bárbaros levantaram acampamento e foram embora. Até hoje, nessa data acontecem as solenidades de Ação de Graças pela salvação de Ratibória, a 25 milhas germânicas de Vlatislávia.

A volta dos bárbaros, entretanto, aconteceria dois meses depois, quando a cidade seria defendida por Mieslau II, duque da Opólia, que conseguiu manter a resistência depois de eliminar quinhentos soldados tártaros e perseguir outro tanto até a Cracóvia, onde estava o grosso das forças polonesas. Os bárbaros seriam favorecidos pelo destino: no dia 17 de março, quando já ocupava a vizinha Chimielik, Meslau subitamente regressou a Ratibória, ficando responsável pela guarda da cidade.

Assim, quando a primeira trégua permitiu, Edwiges e sua *entourage* estavam de volta a Trebnitz, levando sua rotina de socorros para uma nova safra de estropiados. Agora, na condição de viúva e mulher marcada pela tragédia, ela se mostraria ainda mais radical e desprendida. Seu ritual de autoflagelação era doloroso e penitente. Sua dor e sua entrega se materializavam como chagas vivas pelo corpo. Seus pés estavam cobertos por enormes feridas. De sua cela vinham choros, gritos e murmúrios. As monjas do mosteiro que acompanhavam tudo de perto ficavam alarmadas com sua debilidade física. Edwiges estava entrando em transe.

Capítulo 5

A Vida no Mosteiro

Houve um momento na vida de Edwiges em que toda a sua atenção estava voltada aos pobres e necessitados. Sua fama como beata milagrosa atraía a curiosidade de peregrinos que passavam pela Silésia – quase sempre a caminho de santuários franceses e espanhóis. Santiago de Compostela, na região da Galícia, era considerado um lugar místico para os católicos romanos, desde que no século IX anunciou-se a descoberta dos ossos do apóstolo São Tiago – James em inglês e Santiago em espanhol – naquelas plagas. A romaria de fiéis seguindo a estrela-guia passou a ser contínua e sistemática, até tornar-se atração turística.[1] Ao longo do sinuoso trajeto pelo território europeu, infestado de tribos nômades e selvagens, os peregrinos podiam contar, eventualmente, com a proteção dos Cavaleiros Templários.

O papa, entre 1227 e 1241, era Gregório IX, criador do Tribunal Eclesiástico da Inquisição, instituição que prendia, julgava e condenava os hereges. Foi Gregório quem proclamou santos Francisco de Assis, Antônio de Pádua (de Portugal) e Domingos de Gusmão (espanhol de Burgos, fundador da Ordem dos Dominicanos), todos contemporâneos

[1] A passagem bíblica do Evangelho Segundo São Mateus destaca aquela que seria a primeira peregrinação no mundo cristão: a dos três Reis Magos seguindo a estrela cadente até o recém-nascido menino Jesus. Assim que Baltasar, Melquior e Gaspar chegaram à manjedoura, em Jerusalém, no dia 6 de janeiro do primeiro ano da era cristã, ofereceram ao recém-nascido ouro, incenso e mirra.

de Edwiges e mendicantes. É fato que eles se conheceram – Francisco chamava Antônio de "meu bispo" e conhecia o papa Gregório IX quando este ainda era o bispo Ugolin – e que Henrique I, o duque, marido de Edwiges, estivera pessoalmente em Assis, negociando com os monges as regras franciscanas para seu mosteiro na Silésia. O papa Gregório também se notabilizou pela luta travada durante anos contra a arrogância do imperador Frederico II e seus explícitos interesses pecuniários.

Como conseqüência desse conflito de interesses, o papa excomungou Frederico II, conclamou a sexta Cruzada e invadiu os domínios do imperador na Itália, em 1228. Frederico II, representante da Casa dos Staufen, apesar das aparências, era tido como um soberano moderno, conhecedor de latim, grego, árabe, alemão e inglês. Foi o último monarca alemão a anexar a Itália ao Império. Fora Gregório também quem, alguns anos antes, acusara Henrique I, o Barbado, de violar as imunidades eclesiásticas em seu ducado, perseguindo e taxando as terras da Igreja. Agora, o papa recebia dos bispos da Baviera os primeiros relatos de milagres[2] operados por Edwiges no mosteiro de Trebnitz, onde ela preconizava os três votos religiosos: obediência, castidade e pobreza.

O valor da liberdade

A vida religiosa, na Idade Média, era marcada pelo elemento "sagrado" até mesmo no cotidiano, impregnando com a marca do sobrenatural

[2] Milagres são eventos importantes enquanto fundamentos para a aceitação da Revelação Cristã – e comuns a praticamente todas as religiões. São uma intervenção divina de característica transcendental atribuída a uma energia supranatural. O mais importante milagre descrito no Novo Testamento é a Ressurreição de Cristo. Outros milagres bíblicos: dar luz a cego, transformar água em vinho, multiplicar o pão e os peixes. A filosofia grega da Antiguidade aceitava os milagres como provas da evidência de que Deus está interagindo no mundo. Neste sentido, as religiões procuram equilibrar a conexão entre milagre e fé, entendendo-os como forças que se alimentam reciprocamente. Se você tem fé, você move a montanha...

os fatos mais corriqueiros da vida. Invocava-se a intervenção divina para todas as coisas que tinham caráter excepcional. Por exemplo: durante uma tempestade, quando um raio caía na aldeia sem matar ninguém, era um milagre – aliás, raios eram dos poucos temores de Edwiges; ela detestava tempestades. Quando os relâmpagos cortavam os céus e ribombavam os trovões, ela tremia toda. Assim, quando nos dias de hoje considera-se um milagre, por exemplo, o fato de apenas um entre 240 passageiros de um avião ter sobrevivido a uma queda no oceano, na Idade Média este desfecho seria certamente considerado obra do sobrenatural, do acaso, um milagre – o que seria a mesma coisa. Se o santo de devoção do sobrevivente era São Jorge, então, tratava-se de um milagre devido a São Jorge. Etc... etc...

Neste ponto, ressalte-se a fragilidade física determinada pelo medo do desconhecido e do incontrolável, como se pode inferir desta inscrição encontrada no portal de uma catedral alemã da Idade Média: "O temor a Deus é a fonte da sabedoria." As narrativas da época falam de histórias que podem ser consideradas exageradas, mas, na verdade, os santos são exagerados – o que os torna especiais e notáveis em sua austeridade e fé.

Algumas dessas histórias, envolvendo milagres de Edwiges, aconteceram quando Henrique I ainda estava vivo e exercendo seu pleno poder de duque:

> Havia na região do mosteiro de Trebnitz um pobre que furtara um pernil de um vizinho. Preso, foi levado à presença do duque Henrique, marido de Edwiges, que o condenou à morte, exigindo a execução rápida e sumária do salafrário. Os parentes do condenado, sabendo da fama de Edwiges, foram procurá-la pedindo clemência para o preso. Como sempre acontecia, ela acabaria atendendo às súplicas dos visitantes, argumentando com o marido que tinha sido um "erro pequeno para uma pena tão grande". Henrique respondeu, um pouco constrangido, que era tarde demais, pois o condenado já devia estar enforcado. E concluiu que, acaso o ho-

mem ainda estivesse vivo, ele o perdoaria. Edwiges chamou um soldado de nome Henrique Cato e mandou-o correr ao local da execução. Quando o soldado chegou, encontrou o corpo já balançando na corda, inerte. Tirando a espada da bainha, o soldado cortou a corda e o enforcado se estatelou no chão. Em seguida, levantou-se são e salvo e correu para onde estava a duquesa Edwiges, agradecendo pelo verdadeiro milagre: ele estava livre.

Este episódio foi apresentado oficialmente ao Tribunal de Roma diante dos procuradores Nicolau e Wirbina – um parente de Edwiges que estava ao lado quando o "milagre" aconteceu.

Outro caso semelhante de enforcamento envolvia um facínora que fora julgado e condenado por ser inimigo do duque. Henrique ainda tentou evitar que Edwiges soubesse da condenação, orientando seus oficiais para que a execução acontecesse nas primeiras horas do dia seguinte. A crônica dos *Acta* registra o episódio:

> Quando Edwiges, segundo seu costume, estava se dirigindo à igreja para as orações diárias, encontrou Henrique no meio do caminho. Ela, que tinha conhecimento dos fatos, acusou-o de crueldade anticristã, exigindo a absolvição do homem que fora condenado pelo simples motivo de ser inimigo político dele. Henrique respondeu: "Eu o libertaria, mas ele já está morto." Edwiges conseguiu reunir alguns delegados que a acompanharam até o local da execução, onde alguns corpos permaneciam pendurados. E, com relação àquele que julgavam morto, foi encontrado vivo. E, assim, sem nenhum ferimento, foi conduzido à presença de sua protetora, a incrível duquesa Edwiges.

Muitos relatos falam da interferência de Edwiges também em casos de doenças e premonição. Não era de estranhar que, envolvida com extrema dedicação no tratamento de um exército de enfermos, doentes contagiosos e terminais, houvesse ela colhido um jardim de milagres com suas rezas e afetos. Existem pelo menos três histórias versando sobre uma determinada doença nos olhos, assim descrita na versão dos *Acta*:

> Uma freira do mosteiro de Trebnitz de nome Gaudência fora vítima de um problema realmente incômodo, que se traduz numa espécie de película esbranquiçada a cobrir os olhos, impedindo a visão. Uma cortina. Ela procurou Edwiges alegando que o problema a estava prejudicando em tudo na vida, inclusive nos ofícios religiosos. No outro olho havia uma pequena parte da pupila que ainda não fora atingida pela mancha. O que lhe sobrava de visão era insuficiente para reconhecer as pessoas. De nada adiantavam os esforços de irmã Juliana, outra freira do mosteiro, que desde o início cuidava da amiga. Quando Edwiges chegou aos aposentos da enferma, esta ajoelhou-se aos seus pés, implorando sua atenção para os olhos infectados e a cegueira. Edwiges reagiu com humildade, negando qualquer santidade:
>
> "Deus te perdoe, pois sou apenas um ser humano frágil como um vaso de barro. O que tu estás pedindo é coisa que só o Poder Supremo pode fazer. É melhor rezar para Ele e não esperar o meu benefício."

A freira Gaudência insistiu, pedindo um gesto apenas. Edwiges, movida pela piedade e considerando as circunstâncias, traçou o sinal-da-cruz sobre os olhos da enferma, dizendo:

> "Irmã caríssima, que o Senhor te abençoe!"

No mesmo momento a mancha desapareceu – e a visão completa seria recuperada em algumas semanas. Tudo indica que estejamos falando de duas doenças comuns e semelhantes na aparência: catarata e/ou pterígio, freqüentemente confundidas pelos leigos. Como revelam os compêndios médicos, ambas as doenças costumam aparecer em pessoas que trabalham ou vivem em lugares com muito vento ou poeira, provocando ardor e queimação.

As interpretações podem ser variadas, mas os relatórios dos *Acta* deixam evidências de que estes episódios realmente aconteceram, pela quantidade de relatos e depoimentos de testemunhas. Como, por exemplo, o dia em que Edwiges avisou ao marido Henrique que ele não deveria sair do quartel onde estava pois, caso o fizesse, sua vida estaria correndo perigo. Henrique, que acreditava cegamente nas palavras da esposa, permaneceu durante quase três anos sem sair da fortaleza. Quando saiu, foi para morrer em Lesnicz. No mosteiro de Trebnitz, várias monjas e criadas conheciam esta previsão de Edwiges.

Outra predição ficou assim registrada:

> Quando Edwiges era ainda jovem, numa noite de Natal do Senhor, estando ela à mesa de refeições, alguém anunciou que havia no pomar um pé de cerejeira coberto de flores. Ela perguntou se as flores estavam na parte superior ou inferior da árvore. Como lhe foi dito que as flores estavam nos galhos inferiores, ela sentenciou:
>
> "Vai haver uma grande mortandade. Muitas pessoas pobres vão morrer este ano."
>
> E foi o que aconteceu. Uma grande carestia assolou o ducado e muitos pobres morreram de fome e frio.

Certa vez, na véspera de Natal, um mensageiro chegou ao mosteiro anunciando o falecimento de sua sobrinha, Isabel, filha de sua irmã Gertrudes. Edwiges quis saber como tinha acontecido. O mensageiro explicou:

> Era ainda tão jovem e nos foi arrebatada. O Senhor lhe concedeu uma visão. Ela viu o estábulo e o presépio e seu rosto se transfigurou de alegria. Envolvida em forte claridade, sentou-se na cama e exclamou: "Chegou a hora em que a Virgem deu à luz." Ela parecia estar ouvindo os cantos dos anjos em Belém. Então suas

mãos se juntaram, uma luz iluminou seu sorriso, ela deitou-se e morreu placidamente.

Edwiges reagiu com rapidez: "A notícia que acaba de dar não é de tristeza, mas de júbilo. Ela foi para o Céu."

Tempos depois, Isabel seria declarada santa pela Igreja.

Uma ação de graças

Sabe-se que essas histórias e a mística de Edwiges assombravam as monjas e criadas que moravam no mosteiro. Todas se apegavam com fé ao seu carisma espiritual, procurando um bálsamo para suas dores do corpo e da alma. A beata negava qualquer milagre, mas, a cada tentativa de evitar a divulgação dessas histórias, mais o mito se consolidava. Uma mulher chamada Catarina, considerada uma criada especial do mosteiro, conhecida como hóspede,[3] depois de penar com uma doença grave, agora estava convencida de que seu retorno à vida, após três dias de coma profundo, era mais um milagre de Edwiges. Catarina chegou a ser considerada morta, pois quando alguém havia aproximado uma vela acesa do seu dedo indicador, não houve reação alguma. Considerando que Edwiges tinha dito, após uma sessão de ladainha, que Catarina iria renascer a qualquer momento, quando a mulher recuperou a consciência e voltou a falar, todos creditavam os méritos à beata: "Milagre!", exclamavam.

---

[3] O termo hóspede aparece com maior freqüência a partir do século XII e designa, como o nome indica, um forasteiro. Em sua versão masculina, é uma espécie de colono, um imigrante em busca de terras novas para cultivar. Com o crescimento da miséria no campo, os hóspedes cresciam na mesma proporção. Na abadia de Dunes, na França, em 1150, eles somavam 36 trabalhadores. Cem anos depois este contingente era de 248 pessoas. Quase sempre vinham de países sem liberdade e/ou oportunidades, e eram facilmente catalogadas como pessoas à margem do sistema produtivo.

Nesse momento estava nascendo a primeira e mais impressionante devota daquela que, no futuro próximo, seria conhecida como Santa Edwiges. Testemunha de algumas dessas passagens registradas pelos *Acta*, a beata Catarina – que decidiria morar também no mosteiro, levando uma vida de simplicidade, trabalho e sacrifício – estava para Edwiges assim como Bernardo Quintavalle estava para Francisco de Assis. Eram as pessoas mais próximas e confiáveis.

Certa vez, Catarina testemunhou um episódio envolvendo a cegueira de uma senhora de origem alemã, que recuperou a visão logo após Edwiges benzê-la com o sinal-da-cruz sobre os olhos. A mulher chorava por ter recebido de volta a luz, jurando venerar eternamente Edwiges, que reagia contrariada: "Não fui eu, mas o Senhor que te iluminou e te fez enxergar. Dedique a Ele teus agradecimentos."

Testemunhas que conviveram com Edwiges dizem que ela mantinha sempre o rosto imperturbável, mesmo diante de grandes calamidades. Sua enorme paciência vencia todas as vicissitudes do cotidiano. Seu comportamento tolerante desconcertava as pessoas. Era serena e afável, virtudes que caracterizam a essência de uma "santa pessoa". Eis um trecho dos *Acta*:

> Nas cerimônias solenes da abadia, como acontecia na Quinta-feira Santa, Edwiges lavava os pés das monjas e dos doentes. Certa vez, sendo uma Quinta-feira Santa, a filha Gertrudes surpreendeu a mãe ao insistir em lavar seus pés. Foi quando a irmã Juliana, uma monja residente, percebeu manchas de sangue na água e feridas nos pés de Edwiges. Eram chagas vivas de onde vertia o sangue da mártir. Ela procurava imitar a Paixão de Cristo martirizando o próprio corpo.

Ao chegar a Sexta-feira da Paixão, Edwiges guardava um rigoroso jejum, fazendo o exercício de abstinência mais radical do ano. A falta de água e a sede tornavam sua boca e língua secas como uma lixa. Era uma prática de martírio obedecida também por Francisco de Assis que, referindo-se às cinco chagas, tornava concreto o símbolo da *stigmata* – a perfuração miraculosa das mãos, dos pés e do flanco de Francisco, como se fosse produzida por pregos, repetindo as feridas de Jesus crucificado. Uma questão polêmica que teria conseqüência após a morte e durante o processo de canonização de Francisco. Neste sentido, o raciocínio do teólogo Donald Spoto sobre o martírio é abrangente:

> Se forem vistos como milagre e não como resultado de um sofrimento pacientemente suportado, os estigmas de Francisco de Assis devem também ser avaliados no contexto de um abalo sísmico do clima espiritual da Europa. As pessoas passaram a desejar um Deus menos remoto e uma religião mais calorosamente humana, que levasse em conta seu sofrimento. Como Francisco vivera a imitação de Cristo com intensidade revolucionária e incomum e demonstrara preocupação e amor positivo em relação a todos, era natural que os Frades Menores estivessem ansiosos por apresentá-lo como originalmente semelhante a Cristo.[4]

Para efeito estatístico, existem dezenas (mais de trinta) relatos biográficos dos milagres de Edwiges nos *Acta Sanctorum*, agrupados nos capítulos "Milagres de Santa Edwiges durante a sua vida" e "Milagres de Santa Edwiges após a sua morte". Esse trabalho, de autor desconhecido (como referido nas considerações preliminares), apresenta uma seleta de histórias e prodígios conhecidos como *Legendas de Santa Edwiges*.

---

[4] *Francisco de Assis, o Santo Relutante*, de Donald Spoto, Editora Objetiva.

Capítulo 6

O Martírio

O ano de 1243 foi de luto e ressaca na Silésia. Depois de dois anos de guerra, os exércitos mongóis finalmente tinham deixado o território polonês, seguindo em direção à Hungria, onde iriam promover outras ruidosas conquistas. O momento era de trégua, apesar do cenário caótico e desolador. A Igreja em crise não tinha um papa desde Celestino IV, falecido dois anos antes, exatamente 17 dias depois de eleito. O impasse iria gerar um movimento no Senado, exigindo uma decisão rápida dos cardeais, que foram trancafiados no palácio de Setizonio como forma de punição e advertência. As divergências internas, quase sempre de ordem política, emperravam os caminhos da Igreja. Apesar da pressão constante, somente no final do ano Inocêncio IV seria consagrado sumo pontífice.

Nesses dias, Edwiges, magra e doente, conheceria um monge chamado Jacinto (Hyacinth, em polonês), nascido de uma família nobre da Alta Silésia. Como Edwiges, ele também era dedicado aos pobres e necessitados. Depois de peregrinar durante anos pela Áustria, Boêmia, mar Negro, Suécia e China, Jacinto estava de volta à Cracóvia, sua terra natal. Ele reencontraria um lugar profundamente afetado pelos efeitos da guerra. As cidades tinham sido praticamente abandonadas por seus habitantes, que levaram as riquezas e deixaram os doentes e os feridos. O trabalho de Jacinto – cuidando das vítimas – no mosteiro dos Dominicanos (ele foi um dos primeiros apóstolos da Ordem) chamaria a atenção da

Igreja e de Edwiges. Ele era 11 anos mais novo e viveria o suficiente para deixar um rastro de bondade e dedicação em seu caminho. É certo que Edwiges, gozando de grande reputação em vida, exerceria forte influência em Jacinto, que seria canonizado em 1594 pelo papa Clemente VIII com o nome de São Jacinto.

Jacinto e as monjas de Trebnitz, guardando as respectivas distâncias, seriam testemunhas da impressionante *via crucis* de Edwiges, agora flagelando-se até sangrar. Assim ressalta padre Ivo Montanhese, seu biógrafo brasileiro:

> Podia-se dizer que Edwiges trazia a Paixão de Cristo em seu próprio corpo. Ela bem poderia exclamar: "Estou pregada na cruz com Cristo."

As chagas reproduziam as dores do calvário que ela cultivava como um jardim de flores. Muito antes do primeiro sinal, Edwiges surpreenderia a todos pedindo que lhe trouxessem frei Mateus, nessa época seu confessor. Ela queria receber a extrema-unção.[1] Irmã Adelaide reagiu prontamente:

> Como, minha senhora, pode ferir nossos corações pedindo a extrema-unção se a senhora está bem de saúde? Esse Sacramento é para aqueles que estão próximos da morte.

Edwiges respondeu com serenidade:

> Caríssima Adelaide, convém considerar que com o Sacramento da Unção os espíritos cristãos armam-se com armaduras espirituais contra as forças do mal. Por isso ele deve ser recebido com suma devoção pelos fiéis. Temo que, agravando-se a doença, eu

---

[1] Um dos sete sacramentos da Igreja Católica. Sacramento: sinal sagrado instituído por Jesus Cristo para distribuição da salvação divina àqueles que, recebendo-o, fazem uma profissão de fé. Espécie de bênção aos doentes com um óleo próprio, o óleo dos enfermos. Além da extrema-unção, os outros sacramentos são: batismo, crisma (ou confirmação), eucaristia, penitência (ou confissão), ordem e matrimônio.

não esteja mais em condições de receber o Sacramento com a devoção que ele merece. Quero estar bem preparada para ir ao encontro do Senhor Jesus.

A historiadora Geneviève D'Haucourt explica o ritual:

> Quando a morte se aproxima, o doente prepara-se para ela como para um ato religioso, o mais importante de sua vida, visto que ele vai fixar seu destino eterno. Nessa hora fatal, o cristão na Idade Média rememora sua vida e purifica-se de todos os seus erros através de uma confissão geral. O doente chama então o notário ou o cura e faz seu testamento: "Em nome do Pai, do Filho e do Espírito Santo."

No caso de Edwiges, que já havia doado seus bens materiais ao mosteiro, havia apenas uma formalidade a cumprir de ordem espiritual: a extrema-unção. Com esta providência tomada, estaria encerrada sua missão na Terra. Seu coração estava cansado.

Os especialistas desta matéria destacam alguns exemplos de ocorrências análogas, registradas nos anais dos *Acta Sanctorum*. Edmundo Martene, um escritor medieval, no seu *Tratado dos Ritos Antigos da Igreja*, cita vários casos de pessoas que receberam o sacramento da extrema-unção mesmo estando bem de saúde. Na verdade, esta discussão se prende também a diagnósticos médicos, que na época pouco ou nada tinham de científico. Portanto, quem sabia de si eram os enfermos, ou seja, a causa da morte, ainda que de um modo oculto, podia estar latente. Existe apenas uma diferença entre esses casos especiais e os casos ordinários: nos especiais, a fé se presta a uma profecia ou a um profeta; nos casos ordinários, trata-se da fé em um médico. A mística nasce da primeira escolha.

A cena da extrema-unção, mesmo considerando os motivos sinistros (ou lamentáveis) da cerimônia, pode ser impressionante e de grande pompa. Um círio aceso, símbolo da fé, era colocado na mão do moribundo enquanto se rezava o Credo em seu nome, num ritual muito parecido com o batismo. Assim, a vida do cristão começava e terminava com a mesma profissão de fé. Depois, o doente pedia para ser colocado, por humildade, penitência e imitação de práticas monásticas, sobre uma cruz cinza traçada no próprio chão ou sobre uma camada de palha. Era uma referência ao ritual solicitado por Francisco de Assis no dia de sua morte aos amigos Bernardo e Giles, obedecendo a um costume milenar: "Quando virdes que cheguei ao fim, colocai-me nu no chão e deixai-me ali pelo tempo necessário para minha última caminhada."

Quem estava no quarto participava das preces seguindo a orientação de um monge responsável pela alegoria – que deve ser entendida, neste contexto, como o método de pensar medieval. Assim, podemos relacionar como alegoria o temor ou o respeito ao crucifixo (ícone), a fé incomensurável na justiça divina e o significado das trevas como cenário do inferno. O que significa dizer que a representação do mundo para eles era toda simbólica, tudo sempre agregava um valor a mais do que apenas sua significação material e literal. Edwiges, sempre sensível, permaneceu serena durante toda a cerimônia, vestindo seu hábito branco da Ordem Cisterciense.

E mais: na intimidade dos seus aposentos, como segredo exclusivo para Adelaide e a filha Gertrudes, dizia ter recebido uma visão celeste, uma revelação de que seus dias estavam contados. Ela trazia dentro de si, oculta e anestesiada pela blindagem espiritual, uma doença grave e fatal que vinha lhe consumindo as energias. Seu tratamento, prescrito e acompanhado pelos médicos, previa o uso de ervas, bálsamo, sementes e raízes, aplicados em forma de infusão, óleo ou pomada.[2]

Como Edwiges estava muito enfraquecida, Gertrudes, na condição de abadessa, lhe proibiu as visitas. Como conseqüência – e de uma forma

---

[2] Outras ervas e sementes usadas como remédios nessas receitas: menta, louro, gengibre, limão, calêndula, camomila, artemísia e pimentas. No caso de Edwiges, sabe-se que os médicos aplicavam nas feridas uma pomada à base de ervas, pimentas e bálsamo, sendo que as resinas eram utilizadas como amálgama para atingir a textura ideal. No caso dos expectorantes e descongestionantes, quase sempre feitos com menta, eucalipto e hortelã, o amálgama era a parafina, que ajudava a moldar a massa aromática como uma bola.

quase fenomenal –, criava-se espontaneamente uma pequena multidão de fiéis nos jardins de Trebnitz, agora transformados em "pátio dos milagres", onde se assistia diariamente a um desfile macabro de enfermidades e anomalias monstruosas.

A nora Ana, que morava na Boêmia e com quem Edwiges mantinha boas relações, fora chamada às pressas e já estava a caminho; temia-se que sem tempo para vê-la com vida. Edwiges, cega no leito, reconhecia as pessoas apenas pela voz.

Os relatos dessas últimas semanas, mesmo quando analisados com reservas científicas, são notáveis e pungentes. Começando pelo dia em que duas freiras foram visitá-la para tomar a bênção e ouvir suas sábias palavras. Elas se chamavam irmãs Pinosa e Benedita. Como a certa altura da conversa Pinosa se aproximasse bastante do leito, Edwiges conseguiu mover o braço em sua direção, tocando-lhe com um pequeno ramo de folha de palmeira:

> Irmã, você entrou aqui sem permissão da abadessa. Eu sei disso. Vá e peça desculpas pela sua falta. E, se quiser, pode voltar para me visitar outro dia. Mas seja rápida!

A irmã Pinosa revelaria mais tarde sua surpresa por Edwiges, mesmo cega, ter "adivinhado" seus atos ocultos. Constrangida, Pinosa confessaria sua falta à abadessa, que não apenas lhe concederia o perdão, como também a licença para uma nova visita.

Um aspecto curioso do calvário de Edwiges, em Trebnitz, se deve à discussão prévia, encabeçada pela filha Gertrudes, sobre o local onde a mãe deveria ser sepultada. É possível mesmo que o assunto tenha sido apresentado pela própria Edwiges, que publicamente mantinha uma forte convicção: "Eu quero ser sepultada num cemitério comum."

Talvez, para qualquer outra pessoa, este desejo explícito não pudesse ser levado a sério, mas, tratando-se de Edwiges, tal anúncio soava como uma sentença perturbadora. Afinal, todos sabiam que suas palavras e atos nunca foram despropositados. Sempre revelavam uma intenção segunda, mais profunda, longe das falsas aparências ou da humildade cabotina. Edwiges era, por assim dizer, uma entidade em missão radical na vida. Apesar disso, haveria forte resistência da filha:

> "Minha mãe, queremos lhe oferecer um lugar ao lado do sepulcro de nosso pai, Henrique. Aqui nesta igreja estamos em casa."

Ela recusou:

> "Se for absolutamente necessário que eu seja sepultada na igreja, não coloquem meu corpo no túmulo de seu pai. Ficamos tanto tempo separados de leito que não quero estar ligada a alguém de quem, por amor à castidade, resolvi ficar separada em vida."

A filha retrucou:

> "Então, mãe, mandarei sepultá-la com seu filho Henrique."

Edwiges ponderou, messiânica:

> "Não quero ninguém como companheiro de túmulo. Se for para sepultar-me na igreja, que seja diante do altar de São João Evangelista."

Ela havia escolhido um altar da igreja de São Bartolomeu Apóstolo, onde existiam diversas sepulturas de crianças, seus netos e sobrinhos, que lhe invocavam pureza e inocência.

A querela, entretanto, ainda não havia chegado ao fim. Gertrudes insistiu:

> "Mãe, faremos para a senhora uma sepultura diante do altar de São Pedro, para que possamos ter sempre diante dos olhos a sua imagem."

Por fim, exaurida, Edwiges, que tinha consciência da sua importância como líder espiritual, preferiu apenas profetizar:

> "Se fizerem isso, mais tarde irão se arrepender pelo incômodo que minha sepultura vai causar."

Em nome do Pai

Informações colhidas posteriormente junto às freiras de Trebnitz e ao monge Jacinto indicam que Edwiges percorreu um longo calvário antes de morrer. Talvez mais de um ano, tempo suficiente para consolidar a fama do mosteiro como um lugar de peregrinação e romaria. Falava-se com entusiasmo dos milagres realizados pela santa em nome de Deus: cegos que voltavam a enxergar, mortos que ressuscitavam, aleijados que recebiam a cura e presos que ganhavam a liberdade. Todos queriam vê-la, tocá-la...

Em 8 de setembro, dia da Natividade de Nossa Senhora, todas as freiras do mosteiro estavam fora para participar da solenidade. Apenas a devota Catarina ficou junto a Edwiges, quando houve o que se chamou de "aparecimento dos santos", um convite para o "eterno banquete celestial na pátria bem-aventurada do Céu". Catarina disse ter ouvido, dos lábios de Edwiges, as seguintes palavras:

> "Bem-vindas minhas Santa Maria Madalena, Santa Catarina, Santa Tecla, Santa Úrsula..."

Foi uma conversa quase inaudível, quando Edwiges pronunciou outros nomes de santas e mártires que não foram registrados. Era como se ela estivesse recebendo uma comissão de frente celestial, encarregada de lhe dar as boas-vindas. Subitamente, da mesma forma que as luzes apareceram, elas se apagaram, e a visão terminou. Assim foi registrado.

Um fenômeno idêntico aconteceria durante uma segunda visita das irmãs Pinosa e Benedita, no dia de São Mateus, 21 de setembro. Edwiges, a certa altura da conversa, pediu para elas se ajoelharem e rezarem; "ou vocês não estão vendo Santa Maria Madalena e Santa Catarina?".

Houve um momento em que o mito de Santa Edwiges se consolidou enquanto objeto de fé e devoção. Seu nome estava associado ao exercício supremo da bondade e à prática de milagres, dois fortes ingredientes para as comunidades cristãs medievais. A vigília em seu quarto ganhava características de adoração, posto que para os fiéis que a cercavam não havia mais dúvida: ela era a Santa Edwiges. A ladainha em seu nome era uma forte expressão desta fé:

> Santa Edwiges, rogai por nós.
> Exemplo de vida cristã, rogai por nós.
> Fiel discípula do Crucificado, rogai por nós.
> Particular serva da Mãe de Deus, rogai por nós.
> Santa Edwiges, abrasada do amor divino, rogai por nós.
> Protetora dos humildes e simples, rogai por nós.
> Libertadora dos prisioneiros e serva dos doentes, rogai por nós.
> Abençoada mãe dos pobres e dos endividados, rogai por nós.
> Santa Edwiges, amante da paz entre os homens, rogai por nós.
> E Santa Edwiges...

Enquanto isso, o papa Inocêncio IV, como acontecera com seus antecessores, lutava duramente contra os interesses do imperador Frederico II, agora passando à maioridade. Ao papa não restaria outra alternativa senão abandonar Roma, para onde voltaria somente após a morte do imperador, em 1250. Ao mesmo tempo em que havia um cenário de devastação e caos, muitas aldeias estavam nascendo e formando novos centros urbanos. Como parte do processo de repovoamento, os alemães chegavam gradualmente ao território polonês, principalmente à Silésia.

O estabelecimento de leis e tribunais e o conseqüente fortalecimento do direito (canônico, civil e fundiário), além de uma nova organização territorial, apontavam para uma sociedade cada vez mais organizada pelo Estado. A invenção de aparelhos que permitem navegar contra o vento (a bússola surge em 1200) funcionaria como estímulo para as navegações de longo curso, provocando uma revolução no comércio e nas comunicações.

Na cultura e nas artes, o mundo se expandia para o Renascimento,[3] um movimento de renovação cultural – com base em Veneza e Florença, na Itália – que valorizava as atividades próprias do homem. Como aprendemos na escola, o Renascimento foi um reflexo das transformações econômicas, sociais e políticas, uma retomada da cultura clássica da Grécia e de Roma.

Nesses dias, o erudito Tomás de Aquino, aos 18 anos, estava apenas iniciando a gestação de sua principal obra, a *Suma Teológica*, que em breve iria tornar-se um importante instrumento de orientação para os rumos da Igreja.[4] Em 1243, Tomás de Aquino trocava Roma por Colônia, na Alemanha, onde iria estudar sob a orientação dos monges dominicanos. Menos de vinte anos depois, quando essas conquistas modernas do Renascimento começaram a emergir, nascia em Florença, na Itália, o gênio Dante Alighieri, autor do clássico *A Divina Comédia*, uma das grandes obras da literatura universal. Como Edwiges, o pensador e intelectual Dante também acreditava que "o homem, sem Deus, é um ser perdido, no sentido de que jamais poderá encontrar em si mesmo, enquanto homem, a razão última e verdadeira da própria vida. A finalidade da vida humana deve ser, portanto, a procura do bem e da verdade". Era o nascimento do Humanismo ou – como se diz, *grosso modo* – o fim da Idade das Trevas.

---

[3] Considera-se que o Renascimento (expressão usada e difundida pelo historiador francês Jules Michelet, em 1855) aconteceu entre os séculos XIV e XVI. Nas artes, seus grandes nomes foram Giotto (o precursor do humanismo, nascido em 1267, autor de vários quadros retratando São Francisco de Assis), Michelângelo (dos afrescos na Capela Sistina), Leonardo da Vinci (o criador da *Madona*) e Rafael, autor de várias iluminuras. Na literatura, destacam-se os poetas Petrarca (grande humanista, considerado o primeiro poeta moderno) e Boccaccio (autor do poema longo *Decameron*), ambos com suas apimentadas crônicas do cotidiano.

[4] O mérito intelectual de Santo Tomás de Aquino, canonizado em 1323, foi conciliar a filosofia de Aristóteles (384-322 a.C.) com a teologia de Santo Agostinho (354-430), oferecendo formulações inéditas e organizando os postulados da Igreja.

O dia da criação

Na manhã de 15 de outubro de 1243 (no calendário bizantino, 1244), Edwiges recebeu a comunhão e pediu que lhe cobrissem a cabeça com o véu de sua sobrinha Isabel (Santa Isabel), anunciando aos presentes:

"Hoje eu vou para a casa do meu Pai."

A filha Gertrudes falou alguma coisa:

"Mas Ana ainda não chegou, mamãe."

Edwiges esboçou um sorriso para dizer:

"Fique tranqüila, pois ela chegará a tempo."

Perto do meio-dia, Ana seria anunciada e entraria no quarto chorando e abraçando a sogra, que tão bem compreendia e admirava. Ana era sincera nos seus sentimentos quando fez um apelo desesperado:

"A senhora não pode morrer agora. O que vai ser da Silésia sem a sua presença? Estamos precisando da sua orientação."

Edwiges respondeu com calma:

"De agora em diante caberá a você ser a mãe da nossa pátria."

Nesse momento, Edwiges pareceu querer erguer-se na cama, tentando se apoiar sobre os cotovelos. Em seguida, deixou-se cair suavemente, sem muita agitação. Estava acabado. A santa havia morrido, aos 69 anos. Sua filha Gertrudes fechou-lhe os olhos. Os sinos da abadia começaram a repicar e um forte cheiro de incenso e mirra invadiu o ambiente.

O biógrafo latino de Edwiges, autor das *Legendas*, escreveu:

A beata Edwiges se foi deste mundo no Ano da Graça de 1243, por volta da hora das vésperas – conhecida também por hora canônica, o cair da tarde, quando Vênus (*Vesper*, em latim) costuma aparecer. E se transferiu assim para as delícias do Céu e para celebrar com todos o interminável repouso do sábado.

Conforme costume dos mosteiros, algumas irmãs seriam destacadas para lavar o corpo de Edwiges. Quando o morto era uma pessoa importante cujo enterro não devia ocorrer imediatamente, tomavam-se algumas medidas que podemos chamar de embalsamento. Uma técnica que consistia na instilação de mercúrio pelas narinas. Muito excepcionalmente (e este era o caso) adotavam-se medidas mais eficientes para conservar o corpo, exigindo-se permissão das autoridades eclesiásticas para o médico abrir o ventre e retirar as vísceras. Dentro do abdômen eram colocadas substâncias aromáticas, mirra e aloés. Talvez seja a razão de algumas devotas, durante o velório de Edwiges, reagirem como se estivessem diante de um milagre: "A santa está perfumada. De sua boca está saindo um cheiro de rosa..." Diz a lenda que quando Edwiges foi despida seu corpo estava envolto por cordas de crina de cavalo e ramos trançados que feriam a pele e a carne. Seus pés tinham feridas profundas que lembram os efeitos da lepra ou do diabetes. Subitamente – e aqui se insere o primeiro milagre depois da morte – seu corpo começou a sofrer uma estranha metamorfose, assumindo um tom róseo e saudável; os estigmas[5] foram desaparecendo e os lábios ficando vermelhos como rubis.

O que se observou então foi uma cena inusitada, pois as irmãs correram para se apoderar de algum objeto dela, algo que seria guardado como uma relíquia. No seu afã, elas promoveram um verdadeiro assalto ao

[5] Em referência aos estigmas (de Francisco de Assis, de Edwiges e de todos aqueles resultantes das batalhas contra as tropas francesas de Napoleão Bonaparte), o padre italiano Gaspar Bertoni fundaria, em 1816, em Verona, a Congregação da Sagrada Estigmata. Em 1º de novembro de 1989, o papa João Paulo II o declarou santo. No Brasil, os estigmatinos administram paróquias em Campinas (SP), Rio de Janeiro (RJ), Belo Horizonte (MG), Brasília (DF), Palmas (TO) e Água Limpa (GO).

corpo insepulto de Edwiges. Algumas cortaram tufos de cabelo, outras, as unhas do pé. As roupas transformaram-se rapidamente em pequenos retalhos sagrados que seriam usados como escapulário... Quando todas se acalmaram, ela foi vestida e levada para a igreja – onde ficaria três dias exposta à veneração dos fiéis. Nesse ponto as exéquias chegavam ao clímax, pois a abadia estava repleta de miseráveis em grande estado de agitação. Todos queriam ver, reverenciar e tocar a santa que, na opinião deles, já estava no Céu, descansando entre os justos.

No terceiro dia, pouco antes do sepultamento, Gertrudes pediu que a irmã Wenceslaua trocasse o véu que cobria a cabeça da mãe – e que este lhe fosse dado como lembrança também de Santa Isabel da Hungria, sua prima. Nesse momento, algumas relíquias de Edwiges (objetos de uso pessoal, missais, velas e imagens de adoração talhadas em madeira) foram separadas e estão hoje em Andech, em território alemão, guardadas na capela da igreja construída no século X.

Nas palavras do padre Montanhese, biógrafo brasileiro:

> A notícia da morte da santa correu célere por todo o país. O luto era geral. Eles tinham perdido não um governante, mas sim uma mãe. Todos tinham certeza que Edwiges já estava junto a Deus, no Céu, atuando como a grande intercessora que sempre foi. O que aconteceria depois pode ser comparado a uma chuva de milagres. De todas as partes ouvia-se falar de curas miraculosas envolvendo as doenças mais perversas. Os endividados eram perdoados e salvos do perigo de morte. Houve até mesmo casos de mortos que retornaram à vida.

O enterro aconteceria – malgrado os desejos de Edwiges – na igreja do mosteiro de Trebnitz, no mesmo salão onde estavam os restos mortais do marido Henrique e do filho Conrado. O túmulo dela ficaria à direita do altar e o de Henrique em frente. Porém, como ela havia previsto, as monjas do mosteiro iriam se arrepender dessa decisão. As multidões que visitavam o túmulo – e nos primeiros anos as romarias aconteciam de forma tumultuada – acabaram com o silêncio do retiro.

Em pouco tempo, Trebnitz se tornou um ponto de intensa peregrinação.[6] Não haveria mais tranqüilidade nem mesmo para a simplicidade das orações.

[6] O mosteiro de Trebnitz, depois de sobreviver a diversos incêndios e depredações ao longo dos anos – inclusive durante a Guerra dos Trinta Anos, em 1648 –, foi desativado em 1810, com a morte de Dominica von Giller, sua última abadessa. Parte do edifício seria vendida para dar lugar a uma fábrica de roupas. Atualmente, uma ala abriga a Casa das Irmãs de São Carlos, que administra o hospital conhecido por Trebnitz. A igreja ainda existe e os túmulos de Henrique e Edwiges também.

Capítulo 7

O Juízo Final

Os acontecimentos importantes – ou meramente significativos – registrados após a morte de Edwiges não foram poucos. No plano da política nacional, a Polônia, que existia como Estado desde o século X, continuaria lutando pela demarcação de suas fronteiras. Em defesa do seu território, entraria em guerra com a Rússia e com a Prússia. A influência cultural e política alemã crescia e dominava grande parte da Silésia, que se manteria polonesa apenas ao sul, na Baixa Silésia, capital Wroclaw (ex-Vlatislávia e ex-Breslau, quando sob influência alemã). A Alta Silésia, a partir de 1327, ficaria sob o domínio das autoridades germânicas da Boêmia, situação que prevaleceria até 1945, quando a maior parte do território passou a pertencer à Polônia.

O evento mais importante, entretanto, foi o processo de canonização de Edwiges, instituído pelo Tribunal da Santa Sé, que contaria com uma importante e decisiva participação popular. Diante de tantos depoimentos relatando milagres individuais ou em grupos (incluindo representantes da nobreza), o arcebispo de Gnense decidiria encaminhar o pedido de abertura de processo, um procedimento jurídico financeiramente oneroso – menos para os cofres da Igreja e mais para os da ordem à qual pertencera o "candidato".

A estrutura do tribunal, para a abertura do processo, determina a formação de um conselho de médicos e cientistas que tenham reconhecidamente atributos não religiosos, mas racionais. A Igreja permite (estimula) que nesses conselhos estejam presentes delegados conhecidos como "advogados do diabo", cuja missão é encontrar contradições ou equívocos nos depoimentos e na documentação. Portanto, muitos processos se arrastam por décadas antes de serem reconhecidos pelo Vaticano.[1]

O bispo de Vlatislávia, dom Walmiro, e o prior da Província dos Dominicanos, frei Simão, seriam nomeados delegados para presidir a comissão encarregada da investigação. É claro que existiam interesses políticos em jogo, mas, neste sentido, o tribunal tinha fama de severidade. Sabe-se que o primeiro interrogatório com as freiras de Trebnitz aconteceu em 1242, um ano antes da morte de Edwiges. Era resultado de uma série de evidências que já tinham chegado ao conhecimento dos bispos. O segundo interrogatório, em novembro de 1262, ainda realizado com as freiras, aconteceria alguns dias após o enterro, também em Trebnitz, onde foram montadas as salas da comissão. Em seguida, sabe-se, houve uma interrupção no processo, com a morte do papa e a indicação de Clemente IV. O terceiro interrogatório, em 1274, seria na casa dos dominicanos, onde o monge Jacinto faria um relato contundente e emocionado sobre aspectos maravilhosos e transcendentais de Edwiges. Ele insistia em que a palavra-chave para se entender o fenômeno dessa devoção era "fé".

A "eleição" de Edwiges movimentou meio mundo europeu. Da Cracóvia foram enviados a Roma dois auxiliares do cardeal, o escolástico Nicolau e o diácono Salomão. Eles tinham a tarefa de examinar pessoalmente todos os documentos referentes à vida e aos milagres de Edwiges. Foram, também, por suas próprias expensas, pessoas importantes do go-

[1] No Brasil, o processo de beatificação de padre José de Anchieta, o missionário jesuíta, se estende por quase três séculos – e ainda continua sem solução. O motivo do entrave: o depoimento de uma testemunha deixa claro que o beato, em determinada ocasião, "fechou os olhos para a execução de um índio".

verno, da Igreja e de famílias nobres. Todos os depoimentos seriam legalmente recebidos pelo tribunal. Edwiges era reconhecida pelas pessoas que a conheceram como um exemplo de mulher, mãe e viúva.

Se a decisão oficial da Igreja, que seria divulgada apenas em 15 de outubro de 1267 (portanto, 24 anos após a sua morte), demorou nos trâmites, isto aconteceu em função das mudanças de papas nesse período. Com as mortes de Inocêncio IV (que abriu o processo), Alexandre IV e Urbano IV, caberia a Clemente IV proclamar Edwiges santa e permitir que, "estando ela agora agregada ao colégio dos Bem-aventurados, possa ser venerada entre os demais Santos da Igreja de Roma".

Diz a história que o papa Clemente IV, um cardeal de origem francesa que fora soldado e legitimamente casado, antes de ficar viúvo e escolher a carreira sacerdotal, tinha uma filha moça cega de nascença que morava num mosteiro na França. Ao mesmo tempo, analisando os autos de canonização de Edwiges, ele se dizia inclinado a aceitar as evidências da santidade da duquesa da Silésia, mas queria e esperava um novo milagre. Afinal, pelos cânones da Igreja, alguém só é declarado santo com a comprovação de pelo menos dois milagres. Após o primeiro milagre a pessoa é declarada beata. Com a comprovação do segundo milagre o candidato entra para a lista dos santos e pode ser reverenciado nas igrejas.

No caso de Edwiges, seu processo já apontava a ocorrência de dezenas de milagres, mas para considerá-la como santa, "de forma incontestável", seria preciso ter uma prova decisiva.

Consta dos autos, numa referência vaga e imprecisa, que a filha do papa Clemente IV ficou subitamente curada, recuperando a visão da noite para o dia. Os médicos registraram oficialmente nos anais que não havia nenhuma explicação natural ou científica para aquela cura. O papa considerou este fato um elemento muito significativo para ser ignorado pelo Vaticano e pediu a canonização. A Cúria Romana e o tribunal, que estavam instalados na cidade de Viterbo, próxima a Roma, acataram a decisão papal outorgando a Edwiges o que a devoção popular já havia sacramentado: o título de santa. Era uma espécie de "sufrágio popular", ou voto por aclamação.[2]

Eis, na íntegra, o texto do postulador da causa, justificando a canonização:

> Ao papa Clemente, bispo, servo dos servos de Deus, aos veneráveis irmãos, o arcebispo de Gnensen e seus sufragâneos (auxiliares), saudação e a bênção apostólica. A Igreja, pia mãe de todos os fiéis, exulta hoje exibindo o júbilo de um novo louvor. Quando o mundo já estava começando a declinar para o ocaso, eis que se descobre uma mulher forte, uma pérola inestimável. Nem mesmo o aríete das mais diferentes adversidades conseguiu abalar as defesas de seu espírito nem o propósito de santidade por ela concebido. Mas a descoberta de uma mulher deste gênero é sempre delicada. Por isso é preciso que se publiquem notícias referentes a ela; é preciso torná-la universalmente conhecida, pois não se justifica que as luzes de tantas virtudes fiquem escondidas – como ocultos podem ficar os méritos da bondade divina. Tomamos a decisão de mostrar quem foi essa mulher, para tentar traçar as dimensões verdadeiras dos seus atos e aumentar a admiração daqueles que, por acaso ou não, deste texto tomarem conhecimento.

Depois da leitura dos milagres e da vida de Edwiges, feita perante a corte pontifícia, no dia 15 de outubro de 1267, o papa Clemente IV pronunciou um sermão para concluir solenemente:

> Por nossa autoridade declaramos que Edwiges de Andech é santa e será inscrita no Catálogo dos Santos.

---

[2] A lista de pessoas excepcionais que encantaram e conquistaram o reconhecimento de seus contemporâneos, ainda em vida, é extensa: Santo Ambrósio, Santo Agostinho, São Francisco de Assis, Santo Antônio, Santa Catarina de Sena são apenas alguns. Em tempos mais recentes: Dom João Bosco, Santa Teresinha, Madre Teresa de Calcutá, todos agraciados pelo "sufrágio popular". Para seus devotos, o reconhecimento oficial do Vaticano é apenas uma formalidade, um dado supérfluo.

Desde então, a imagem popular de Santa Edwiges – que conhecemos através de gravuras e iluminuras (santinhos) – mostra uma mulher em hábitos brancos coberta por um manto escuro, algumas vezes com tranças ou mechas brancas no cabelo; outras segurando nas mãos uma maquete de mosteiro (referência às obras sociais) ou uma Bíblia e uma coroa de ouro, símbolo de sua origem nobre. O terço aparece nas duas situações.

A canonização determinou, automaticamente, a data de 15 de outubro para as festividades em honra a Santa Edwiges. Posteriormente, durante o papado de Inocêncio XI, por volta de 1680, a data seria mudada para 16 de outubro, pois dia 15 seria dedicado a Santa Teresa d'Ávila.

Capítulo 8

Dos Milagres e do Poder da Fé

Os depoimentos narrando milagres acontecidos após a morte de Edwiges, que justificaram sua canonização, traziam uma nota de introdução redigida pelo postulador da causa diante do Tribunal da Santa Sé:

> Para que não ficasse ignorada pelos homens a força daquela pérola inestimável e do tesouro escondido naquele sepulcro, o Senhor se dignou manifestar o poder nele escondido. Acontece que, logo depois do sepultamento, começaram a aparecer as luzes dos primeiros grandes milagres de Santa Edwiges, que podem ser classificados na seguinte ordem:
>
> 1 – enfermos recuperam milagrosamente a saúde;
> 2 – cegos recuperam a visão;
> 3 – surdos recuperam a audição;
> 4 – mudos recuperam a fala;
> 5 – curas de doenças nas mãos;
> 6 – curas de doenças nos pés;
> 7 – paralíticos voltam a andar;
> 8 – ressurreição;
> 9 – cura de possessos;
> 10 – cura de epilépticos.

A coincidência (o Acaso) é a forma que Deus tem de realizar anonimamente um milagre. A vida, portanto, é o milagre maior e primeiro – segundo definição oficial da Santa Sé.

Em seguida, as páginas dos *Acta* apresentam vários "milagres" de Edwiges, colhidos ao longo do processo de canonização, dos quais transcrevemos esta seleta:

O caso do senhor Borech

O soldado Vitoslau de Borech tinha um filho de nome Domingos, uma criança de sete anos, que caiu doente. A doença se agravou de tal maneira que todos que o cercavam tinham certeza de sua morte. As mãos e os pés da criança já estavam amortecidos e ela não conseguia mais mover os olhos revirados. Da garganta saíam apenas uns vagos sons guturais sem nexo — e no peito surgia uma enorme protuberância que se agravava com os movimentos da criança na ânsia de encontrar o ar. A mãe percebeu que a morte estava se aproximando e disse para o marido, que acabara de se deitar ao lado de Domingos:

"Nosso filho já recebeu permissão para ir embora. Já não temos mais nossa criança entre nós."

O pai, ouvindo isso, se desesperou, elevando as mãos para os Céus, clamou:

"Senhora Santa Edwiges, eu lhe servi durante toda a vida e creio mesmo que a senhora gostava de mim. Neste momento delicado, ajude-me a obter a graça para que, com sua intercessão, meu filho fique vivo e volte a iluminar esta casa. Restitua-me, senhora, meu filho com saúde e todos os serviços que lhe prestei estarão pagos."

Mal o pai acabara de apresentar sua prece, o filho Domingos, que já estava agonizando, se virou no leito, olhando para o pai como se quisesse consolá-lo. O peito da criança voltou ao ritmo normal e os sinais de morte desapareceram rapidamente. O menino, que tinha ficado inteiramente entrevado pela doença, no terceiro dia após a invocação da santa estava completamente curado.

O próprio pai da criança, o soldado Borech, foi quem relatou o fato diante dos procuradores encarregados de examinar os relatos sobre os milagres durante o processo de canonização de Edwiges. E prestava seu depoimento entre lágrimas e soluços.

O caso do menino Walter

O garotinho era filho de um rico senhor de Amília, na Vlatislávia. Ele estava afetado por uma queda provocada por sua babá, que caiu com a criança nos braços. Resultado do acidente: a criança ficou com uma grave lesão nos rins, que apresentava um inchaço muito grande. Os remédios usados não produziram o menor efeito. A mãe do menino, a senhora Berta, na esperança de conseguir a cura, recorreu a uma cirurgia. Mas, ao invés de melhorar, o estado da criança se agravou ainda mais. A solução, depois de várias tentativas, foi procurar um remédio divino, através da intercessão da beata Edwiges. A mãe, sentindo confiança nos méritos da santa, prometeu levar a criança até o sepulcro, em Trebnitz. Muitas pessoas próximas tentaram demover a senhora do seu propósito de fazer uma longa viagem com o filho naquele estado. Mas ela seguiu sua intuição e logo estava na estrada, a caminho do mosteiro.

Ao chegar ao túmulo da santa, a mãe colocou a criança delicadamente sobre a lápide, tendo o cuidado de deixar uma grande vela acesa ao lado. Em seguida, começou a rezar:

"Minha senhora, Bem-aventurada Santa Edwiges, cure o meu filho ou então faça com que, antes que eu me retire daqui, ele descanse em paz."

A mãe apenas acabara de fazer seu pedido e a criança começou a reagir. A ferida produzida pelo corte começou a se fechar a olhos vistos. Ficou apenas uma pequena cicatriz.

Foi o próprio menino quem relatou este caso para a comissão encarregada de examinar os milagres da Santa.

O caso de Pedro, primo de Henrique I

Um certo homem chamado Pedro, primo do duque Henrique, foi acometido de uma grave enfermidade durante a celebração do dia de Natal. Como as dores foram aumentando e seu estado se agravando, ele recorreu ao sufrágio de Santa Edwiges, pedindo em oração:

"Beata Edwiges, prorrogue por favor a minha vida por suas intercessões de bondade."

No dia anterior à festa de São Silvestre – 31 de dezembro –, ao repetir a oração em seu leito de enfermo, invocando ainda o patrocínio da Santa, ouviu uma voz que lhe dizia:

"Levanta-te! Levanta-te! Por que estás deitado nesta cama?"

Depois de ouvir aquela voz, Pedro se sentiu tomado por um sono incontrolável e não pôde cumprir a ordem de se levantar. Mas, passado o sono pesado, ele se levantou lépido e fagueiro, dizendo a todos que Santa Edwiges o havia curado das dores que sentia.

O caso da menina Isabel

Uma menina de 6 anos de idade, filha de Matilde e Hermano de Cruzon, da Vlatislávia, em conseqüência de uma doença desconhecida, tornou-se uma criança mirrada, raquítica, sem vitalidade. Seus membros não tiveram um desenvolvimento normal e ela parecia ter menos idade. A mãe, convencida de que nenhum remédio poderia curar a filha, fez o voto de levar a menina ao túmulo de Santa Edwiges, em Trebnitz. Quando chegaram, depois de colocar a filha sobre a laje do túmulo, ela rezou assim:

"Senhor Jesus, pelos méritos da Bem-aventurada Edwiges, invoco Vossa misericórdia. Curai minha filha que está aqui prostrada, doente."

Pois a menina, que estava há mais de seis meses doente, pela intercessão da santa recuperou plenamente a saúde a partir daquele dia, transformando-se numa criança fisicamente forte e perfeita. A mãe certamente considerou a recuperação da filha um milagre de Edwiges, que ganhou mais uma entusiasmada devota.

O caso do monge Hermano

Frei Hermano, sacerdote da Casa de Lubex, da Ordem dos Cistercienses, doente há muito tempo, estava agora à beira da morte. Prostrado pela doença, certo dia lhe pareceu ouvir – como se fosse resultado de algum estado de êxtase – uma voz dizendo:

"Vai até o sepulcro de Santa Edwiges, em Trebnitz, e ficarás curado completamente."

A partir desse momento, o monge começou a melhorar. Porém, ao recuperar a saúde completamente, ele se mostrou relapso e não cumpriu a ordem que julgou ter ouvido naquela noite. A doença então voltou, com mais violência.

Apavorado, o monge Hermano compreendeu que aquilo podia ser uma punição – bastante merecida, pelo ato de negligência –, e pediu que chamassem à sua cela frei Ludovico, o abade. Assim, formalmente, o monge pediu licença superior para fazer uma peregrinação até o túmulo de Santa Edwiges. Permissão concedida, Hermano partiu com dois amigos, Nicolau, um leigo, e Bertoldo, um sacerdote. Em um cabriolé alugado, eles chegaram a Trebnitz com o doente já em estado terminal.

Colocado ao lado do túmulo da santa, Hermano teve força para rezar e pedir que lhe fosse restituída a saúde do corpo, fazendo referência às palavras das Escrituras: "Qualquer coisa que, rezando, pedirdes, tendo fé, recebereis."

O frade começou a suar muito. Levado à hospedaria do mosteiro, nessa mesma noite apresentou sinais de melhora. Em pouco tempo Hermano recuperou seu estado de saúde pleno, podendo regressar curado ao mosteiro de Lubex, onde o episódio foi recebido como um milagre. Um monge residente exclamou:

"Ele saiu daqui quase morto e voltou sorridente."

O caso da dor de cabeça

A nobre senhora Boguzlava, esposa do senhor Simão, castelão de Gnense, contraiu uma dor de cabeça tão violenta que ficava impedida de comer, beber ou mesmo de dormir. Não conseguia fazer absolutamente nada. Qualquer travesseiro, por mais delicado que fosse, lhe era insuportável. A senhora ficava permanentemente no escuro. Vários remédios prescritos pelos médicos foram tentados, mas nenhum conseguiu a cura da dor que a perseguia. Certo dia, ela resolveu visitar o túmulo de Santa Edwiges, na esperança de livrar-se daquele sofrimento.

O marido dela, o nobre Simão, conduziu a comitiva em romaria. No momento de acomodar a mulher na carruagem, ele foi enfático:

"Qualquer que seja o resultado da nossa fé, confio sua vida ao Senhor e aos cuidados de Santa Edwiges."

Ao chegar ao sepulcro da santa, madame Boguzlava disse a seguinte oração:

"Minha senhora, Santa Edwiges, eis o pedido de sua serva: dá-me seu socorro e me libertes deste mal, a mim que sou tua serva indigna."

Concluída a prece — e antes mesmo que ala se afastasse do túmulo —, na presença de soldados e da família, incluindo outras pessoas da Casa de Trebnitz, a mulher ficou absolutamente curada da dor de cabeça e da escuridão da vista. E nunca mais voltaria a sofrer deste mal. Os próprios delegados encarregados de examinar os milagres, durante o processo de canonização, garantiram ter visto a mulher totalmente recuperada da dor e da visão.

O caso de Venceslau

Um filho de Brateconio de Solnic, de nome Venceslau, estava muito doente e durante a festa de Pentecoste perdeu completamente a visão. Logo depois, no dia de São Miguel, sua avó o levou ao sepulcro de Santa Edwiges, para algumas orações. O nome da avó do menino era Sulizlava. O enfermo invocou a santa com a seguinte prece:

"Senhora benigna, Santa Edwiges, socorra-me em minha aflição, como costumas socorrer a todos aqueles que a ti recorrem."

E, ainda orando, o menino adormeceu suavemente, para acordar de repente, como que apavorado. Pela compaixão de Deus e pela intercessão de Santa Edwiges, ele recuperou a visão e voltou para casa inteiramente curado.

O caso do jovem de Olnicz

Um rapaz da cidade de Olnicz fora em companhia do pai até o mosteiro de Trebnitz para pedir a misericórdia de Deus pela intercessão de Santa Edwiges. Aquela era uma peregrinação ao túmulo da santa, peregrinação para implorar a cura da cegueira de que era vítima o rapaz. Eles eram pobres. Por isso, o irmão Giselberto, que não era guardião em Trebnitz, os recebeu na hospedaria do mosteiro. Durante as três semanas que ali passaram, frei Giselberto os viu muitas vezes rezando com muita fé, pedindo a Santa Edwiges para recuperar a visão do rapaz. No dia do mártir São Jorge, perto do sepulcro da santa, estando presente uma verdadeira multidão, esse rapaz pobre que era totalmente cego, pela intercessão de Santa Edwiges, recuperou a totalidade da luz de seus olhos. Prestando testemunho desse cego que recebera a luz do alto, frei Giselberto diria mais tarde:

"Aquele que antes eu vi totalmente cego, vi pouco depois ornado e iluminado pelo maravilhoso poder da visão."

Outro caso de doença nos olhos:

Sinfrido, irmão do juiz da cidade de Vladislávia, contraíra uma terrível doença nos olhos que lhe tirava completamente a visão. Foi chamado então o cirurgião Hermano, que ali mesmo começou a cirurgia, cortando o excesso de carne que saía do globo ocular. Sabendo que não seria capaz de suportar mais dor, e deixando de lado o remédio recomendado pelo médico, Sinfrido decidiu pedir auxílio a Santa Edwiges, que já o socorrera numa precedente enfermidade. Fez a promessa de ir em romaria ao sepulcro da santa, numa viagem noturna, pois ele não suportava a claridade do dia. Diante do túmulo, em Trebnitz, ele disse a seguinte oração:

"Santa Edwiges, dai-me vosso auxílio para que através de vossa ajuda eu possa me livrar dessa dor terrível."

Assim que terminou a oração, esse homem, que ali chegara conduzido pelas mãos de outros, sentiu-se totalmente curado e voltou para casa com a visão recuperada.

O caso do menino Guilherme

O menino ainda não tinha dois anos de idade. Era filho do castelão Vicente de Olesno, da cidade de Otmant.

Certo dia, ele saiu com seu preceptor para um passeio às margens do rio Odran. Em determinado momento, deixando o garotinho um pouco afastado das águas, o homem decidiu se refrescar e nadar no rio. O menino acabou caindo na água e, como uma pedra, foi para o fundo do rio. Quando o preceptor voltou para o lugar onde havia deixado a criança, não mais a encontrou. Correu desesperado para a beira do rio, onde foi achá-la submersa, inerte. O menino ainda conseguiu vomitar a água ingerida, mas não dava sinal de vida.

De volta a casa, bem que o homem gostaria de ocultar o ocorrido dos pais da criança, mas não podia fazê-lo. A mãe, desesperada, procurou aquecer a criança, mas não conseguiu reanimá-la. A essa altura, os pais e parentes já choravam desolados pela morte consumada. Alguém invocou o nome de Santa Edwiges pedindo para que a vida retornasse àquele corpo. O menino, então, depois de dar um grande suspiro, abriu os olhos e... estava vivo.

O poder da fé

Em Edwiges (assim como em Francisco de Assis), o mundo reverencia uma pessoa cuja vida foi pautada pela paz. Uma vida marcada por uma sucessão de decepções, tragédias e sofrimento, na mais profunda identificação com Cristo, que morreu sozinho, proscrito e rejeitado.

Santa Edwiges torna-se padroeira de Berlim, Silésia, Cracóvia, Trebnitz e Andech. Seu nome hoje se espalha por todo o mundo em reconhecimento incontestável à sua importância como líder espiritual e religiosa. Sua luta pela liberdade dos oprimidos foi gloriosa e o reconhecimento dos fiéis, uma recíproca.

Em 1773, seria aberta ao público a monumental catedral Santa Edwiges, em Berlim, construída por Frederico, o Grande, rei da Prússia. É considerada uma obra-prima da arquitetura e da arte gótica alemã.

Em 1848, foi criada em Breslau uma associação de mulheres e adolescentes batizada de Irmãs de Santa Edwiges, que trabalharia sobre as regras de Santo Agostinho. A entidade seria reconhecida oficialmente pelo bispo e se ocuparia da educação de crianças abandonadas.

Por volta de 1854, um grupo de 14 famílias polonesas, lideradas pelo padre Leopoldo Moczgemba, se estabeleceria na região central do Texas, EUA, fundando a cidade de Santa Edwiges, hoje com 1.450 habitantes.

Em agosto de 1902, seria fundada em Dunkirk, Nova York, a igreja de Santa Edwiges, administrada pelo padre de origem polonesa Joseph Janaczek. A igreja seria destruída por um incêndio e reconstruída, sendo que sua reinauguração aconteceria em 1970.

Fundada em 1903, em Detroit, Michigan, EUA, a Escola Católica Santa Edwiges ainda funciona, atendendo ao primeiro e segundo graus.

Na pequena e longínqua Wayne County, no estado de Michigan, EUA, era criado, em 1905, o cemitério Santa Edwiges, em terreno pertencente aos padres franciscanos de origem polonesa.

Em 1906, seria costruída a igreja de Santa Edwiges em Clark County, estado de Wiscosin, EUA, com capacidade para 1.200 pessoas sentadas. O edifício foi construído com uma única torre central e apresenta um conjunto de 14 vitrais nas laterais.

Em 1910, pelo esforço de padres poloneses e instituições sociais de Chicago, seria fundado o Orfanato Santa Edwiges, abrigando uma população de 670 crianças com idades entre 2 e 15 anos. O orfanato foi fechado em 1959 e as crianças remanescentes enviadas para o Colégio Anjo da Guarda, outro orfanato mantido pela arquidiocese de Chicago.

Em 1920, nasceria na Polônia Karol Joseph Wojtyla, que seria nomeado bispo da Cracóvia em 1958. A sua consagração como papa João Paulo II aconteceu no dia 16 de outubro de 1978, em homenagem declarada a Santa Edwiges, uma de suas referências espirituais.

Uma das mais notáveis obras arquitetônicas em estilo gótico é a igreja de Santa Edwiges construída em 1927 no município de Erie, na Pensilvânia, EUA. O altar de pedra é de singular beleza e os vitrais laterais foram desenhados e montados por Joseph Herzig, em Munique, em 1934.

Inaugurada em 1945, a capela Santa Edwiges no bairro carioca de São Cristóvão seria ampliada em 1973 para receber o Seminário da Congregação dos Sagrados Estigmas, dos padres estigmatinos – que chegaram ao Brasil em 1910.

Em 29 de agosto de 1954 seria inaugurada a capela de Santa Edwiges em Brás de Pina, Rio de Janeiro. Como a capela revelou-se pequena para a quantidade de devotos, uma nova igreja seria construída no terreno ao lado – e inaugurada com uma missa solene em 16 de outubro de 1981, dia de Santa Edwiges. Como a igreja mostrava-se igualmente pequena, uma terceira e ampla paróquia seria inaugurada em 30 de maio de 2002.

Em abril de 1960, em Los Alamitos, Califórnia, EUA, foi inaugurada a igreja de Santa Edwiges. Em setembro começaria a funcionar no prédio anexo o mosteiro e uma escola com quatro turmas de alunos.

Fundado em 8 de julho de 1964, o Educandário Santa Edwiges, em Loanda, no Paraná, mais tarde (1977) seria transformado em Escola Santa Edwiges.

Em 1966, a capela da igreja de Andech, construída em 1591 por Ferdinand von Vöhlin, transformava-se em memorial de Santa Edwiges, inaugurado durante as comemorações pelo 700° aniversário da sua beatificação. A capela continua aberta e funcionando no primeiro piso da igreja, setor sul, em cima da sacristia.

Oração a Santa Edwiges

Protetora dos aflitos e dos endividados

1ª Oração

Ó, Santa Edwiges, vós que na Terra fostes o amparo dos pobres, a ajuda dos desvalidos e o socorro dos endividados, e que agora, no Céu, desfrutais do eterno prêmio da caridade que em vida praticastes, suplicante vos peço que sejais minha advogada junto a Deus para obter o auxílio de que urgentemente necessito (fazer o pedido).

Alcançai-me também a suprema graça da salvação eterna.

Santa Edwiges, rogai por nós. Amém.

2ª Oração

Esta oração foi criada pelo monge autor (anônimo) das Legendas Maior e Menor, as biografias de Santa Edwiges incluídas nos Acta Sanctorum. *O texto revela a mística que cercava o nome de Edwiges no final do século XIII, algo como um milagre considerando a natureza despretensiosa do fenômeno. Esta oração não é muito conhecida entre os fiéis e sua versão em português é inédita.*

Foi mantido o tom solene do latim original em tradução de Irineu Guimarães:

Senhora minha, Santa Edwiges, confesso-me servo de Deus onipotente e de tua santidade, embora, oh, que mágoa!, me sinta um servo inútil e sempre te devendo ações de graças por todos os benefícios de ti recebidos. Não quero deixar de pagar o débito de minha servidão e ser assim, por minha própria culpa, acusado de ingratidão. Eu, pobre e humilde, membro da comunidade dos pobres, incapaz de mostrar grandes feitos, aqui venho como a viúva pobre do Evangelho oferecer, no gazofilácio[1] da glória e louvor de Deus e teu, estas duas minúsculas moedas, a saber, *Tratado Maior* e *Tratado Menor* da tua vida e dos teus milagres. Com humildade e devoção, te suplico, ó digna e benigna Senhora minha!, que te dignes me receber, e a todos aqueles que de uma maneira ou outra promovem e lêem o texto deste volume, e que aqui vêm oferecer esta homenagem a tua Santidade. Peço que nos recomendes ao Senhor e que, por tuas preces, invoques para nós, no momento presente, o dom do Espírito Santo, uma saída segura deste mundo e o gozo e consolo da vida eterna por Jesus Cristo, Senhor Nosso, Amém!

[1] Lugar no templo onde se guardam os vasos com as oferendas.

Bibliografia

100 Obras do Milênio. Ed. Expressão e Cultura/Instituto Liberal, 2002.

Acta Sanctorum. Sociedade dos Monges Bollandistas, 1866.

Barbeiro, Heródoto. *História Geral*. Moderna, 1981.

Bennett, Roy. *Uma Breve História da Música*. Jorge Zahar Editor, 1982.

Birnie, Arthur. *História Econômica da Europa*. Jorge Zahar Editor, 1964.

Canto Gregoriano, texto em verbete de CD com temas de Natal. Mosteiro de São Bento, 2000.

Clark, Kenneth. *Civilização*. Martins Fontes, 1980.

D'Haucourt, Geneviève. *A Vida na Idade Média*. Martins Fontes, 1994.

Enciclopédia Encarta 98. Microsoft, 1998.

Faria, Ernesto. *Dicionário Latino-Português*. Livraria Garnier, 2003.

Grande História Universal. Bloch Editores, 1973.

História da Vida Privada: da Europa Feudal à Renascença. Companhia das Letras, 1995.

Huberman, Leo. *História da Riqueza do Homem*. Jorge Zahar Editor, 1973.

Luna, D. Joaquim G. de. *Os Monges Beneditinos no Brasil*. As Regras. Lumi Christi, 1947.

Montanhese, Ivo Pe. *A Vida de Santa Edwiges*. Santuário, 2001.

O Mundo Medieval. Enciclopédia das Artes Plásticas. José Olympio, 1966.

Perroy, Édouard. *História Geral das Civilizações*. Difusão Européia do Livro, 1958.

Pirenne, Henri. *História Econômica e Social da Idade Média*. Mestre Jou, 1963.

Read, Piers Paul. *Os Templários.* Imago, 2000.

Revel, Jean-François. *Um Banquete de Palavras: uma história da sensibilidade gastronômica.* Companhia das Letras, 1996.

Spoto, Donald. *Francisco de Assis, o Santo Relutante.* Objetiva, 2002.

Wells, H. G. *História Universal.* Companhia Ed. Nacional, 1939.

Zoppi, Virgilio Pe. *Vida de Santa Edwiges.* Padres Estigmatinos, 1978.

Todos os direitos desta edição reservados à
EDITORA OBJETIVA LTDA. Rua Cosme Velho, 103
Rio de Janeiro – RJ – CEP: 22241-090
Tel.: (21) 2556-7824 – Fax: (21) 2556-3322
INTERNET: www.objetiva.com.br

Capa e Projeto Gráfico
Raul Fernandes

Revisão
Neusa Peçanha
Umberto Figueiredo Pinto
Tereza da Rocha

Editoração Eletrônica
FA Editoração

V393e
Vaz, Toninho
Edwiges / Toninho Vaz. – Rio de Janeiro: Objetiva, 2005.

108 p. (Os santos) ISBN 85-7302-709-6

1. Edwiges, Santa (1174-1243) – Biografia. 2. Catolicismo – Santos.
I. Título II Série

CDD 922
235.2

Este livro foi impresso na
LIS GRÁFICA E EDITORA LTDA.
Rua Felício Antonio Alves, 370 – Jd. Triunfo – Bonsucesso
CEP 07175-450 – Guarulhos – SP – Fone: (011) 6436-1000
Fax.: (011) 6436-1538 – E-Mail: lisgraf@uninet.com.br